LA VOIX

DE LA NATURE,

OU

TRAITÉ DES GOUVERNEMENS.

LA VOIX
DE LA NATURE

O U

TRAITÉ DES GOUVERNEMENS.

OUVRAGE DÉDIÉ AUX GOUVER-
NEMENS ET AUX PEUPLES.

Où l'on développe l'origine des sociétés, des inégalités, des propriétés, des autorités, des souverainetés, des lois, des constitutions, des révolutions, du sacerdoce, de la noblesse, des distinctions, et généralement toutes les questions de droit naturel, politique et civil qui intéressent les gouvernemens et les peuples.

Litem natura diremit.

Ovid. Metamorph.

Tome Second.

A VIENNE EN AUTRICHE ET CHEZ LES PRIN-
CIPAUX LIBRAIRES DE L'EUROPE.

1 8 0 7.

NOTA.

Après avoir, dans la Ière Partie, combattu les monstres fameux de *l'Indépendance, de l'égalité et du Contrat social,* marché au milieu des abymes, contemplé avec effroi ces gouffres énormes qui engloutissent les peuples, les gouvernemens, la Religion et les mœurs, le lecteur impatient de sortir des régions affreuses de l'erreur, verra avec plaisir l'auguste vérité paraître. Si les extrêmes se touchent, nous devons être aux portes de la raison, puisque nous sommes parvenus au dernier degré de l'extravagance.

Quand nous aurons retrouvé, ces sources antiques d'où jaillissent les autorités, d'où sont sortis tous les peuples, tous les gouvernemens et tous les corps civils, il seroit beau de suivre le cours de ces eaux salutaires, à travers tous les changemens, tous les bouleversemens et toutes les révolutions des empires, de voir comme, franchissant tous ces obstacles, les autorités sont descendues jusque sur la tête des souverains actuels et des usurpateurs eux mêmes sous toutes les formes possibles de gouvernemens. Il seroit bon, chemin faisant, de tirer de dessous les ruines et de remanier tous ces principes éternels, que l'erreur à bouleversés en bouleversant le monde. La tâche est grande. Nous nous en acquitterons selon nos forces, nos moyens, la brieveté du temps qui nous presse, et l'immense quantité de matériaux, qui se trouveront sur notre passage. Quittons donc les basses régions de l'erreur. Les sources d'un fleuve ne sont pas à son embouchure. *)

Tout ce qu'on peut dire sur les gouvernemens peut se classer dans quatre grandes questions : *la source des autorités, l'origine des corps civils, les variations des corps civils et les souverains actuels.* Ce second volume contiendra les deux premières questions.

---

*) On verra bientôt que tous ceux qui font venir l'autorité des sujets, placent très réellement la source du fleuve à son embouchure.

TABLE DES MATIERES SUR L'AU-TORITÉ.

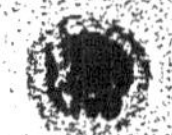

LA VOIX
DE LA NATURE,
OU
TRAITÉ DES GOUVERNEMENS.

Seconde Partie. **Tome II.**

Qui contiendra quatre grandes Questions.

1. LA SOURCE DES AUTORITÉS.
2. L'ORIGINE DES CORPS CIVILS
3. LES VARIATIONS DES CORPS CIVILS.
4. LES SOUVERAINS ACTUELS.

Litem natura diremit.

Ovid. Metamorph.

Première Question.

DE L'AUTORITÉ.

Sources de l'Autorité.

1. Jamais la nature n'a parlé plus haut et ne s'est expliquée plus clairement que sur cette grande question : il est bien étonnant qu'elle ne se fasse plus entendre ! . . . qu'on s'adresse à tout l'univers ; qu'on interpelle cette foule prodigieuse de générations qui se sont succédées depuis le commencement du

monde; qu'on interroge tous les êtres qui sont au ciel, sur la terre, et dans la vaste étendue des mers, *sur la source des autorités. . .* Tous répondront d'une voix puissante et unanime: que ce mot *autorité* vient d'auteur; que, dans son essence constitutive, *l'autorité est le droit qu'un auteur a sur les êtres qu'il a produits, par cela seul qu'il en est l'auteur.* *)

---

*) Voilà encore une de ces vérités puisées dans la nature, qui étonnent par leur grande simplicité. Pourquoi dieu a-t-il *autorité* sur tout l'univers? c'est parce qu'il en est *l'auteur.* Pourquoi un père, une mère ont-ils *autorité* sur leurs enfans? c'est parce qu'ils en sont *les auteurs.* Tout le monde le sent, tout le monde le sait. Ceux même qui, faute d'attention, croyoient ne le pas savoir, au premier retour de la réfléxion, sont forcés d'en convenir. *Toute espèce d'autorité* prend essentiellement sa source *dans le titre d'auteur.* Comment donc *l'autorité souveraine* seroit-elle seule exceptée? par quel étrange renversement a-t-on imaginé d'aller placer sa source *dans l'universalité du peuple?* . . au reste nous avertissons d'avance qu'*Homere, Aristote, Platon, Bossuet, Fénelon* et tous les meilleurs auteurs donnent à *l'autorité* la même source que nous.

II. Cette définition est infiniment simple ; Au premier coup d'oeil de la réflexion, elle paroit puisée dans la nature, elle commande l'assentiment de la raison; elle pénètre l'esprit de lumière ; elle se trouve gravée dans le fond des coeurs ; elle porte avec elle des caractères si imposans d'évidence ; elle nous est si constamment répétée d'âge en âge par la réproduction perpétuelle des êtres, qu'aussitôt qu'elle se montre, la vérité lui sourit; le préjugé se trouble et se déconcerte en sa présence.

III. Si nous prouvons par la raison, par l'histoire, par l'acception générale de ce terme dans les meilleurs auteurs, par la tradition constante de tous les peuples, par les aveux forcés des adversaires, par tous les monumens de l'univers : que c'est là la signification véritable du mot *autorité*; que c'est là sa source, sa nature, sa définition ; si nous faisons voir clairement que toutes les autres sources et les autres définitions sont fausses; que l'autorité quelle qu'elle soit ne peut venir que de là, qu'il est impossible qu'elle vienne d'ailleurs; je crois que nous aurons pleinement satisfait à la question qui s'offre dabord dans un sujet aussi important. *Quest-ce que l'autorité; d'ou vient elle; qu'est-elle en elle-même ?*

IV. Nous le répétons donc comme le principe restaurateur de la morale et des gouvernemens, comme le point fondamental sur lequel on s'est trompé, comme la bâse éternelle sur laquelle il faut tout rebâtir, comme le fanal véritable placé sur les hauteurs par les mains de la nature elle même pour indiquer aux vaisseaux des états la route qu'ils doivent tenir et qu'ils ont imprudemment quittée pour courir après des météores trompeurs qui les ont conduits dans des abîmes. Nous mettons en fait; que toute espéce *d'autorité* vient *d'auteur*; qu'elle prend sa source, sa nature, son existence constitutive *dans le titre d'auteur;* que c'est là son caractère distinctif; que c'est par là qu'elle est le premier, le plus sublime, le plus distingué de tous les droits.

§. I.

Source de l'autorité d'après la raison.

1. **P**our constater dans les régles la légitimité de notre définition, il faut, comme tout le monde le sait, qu'elle ne convienne *qu'à l'autorité elle seule*, et qu'elle puisse s'appliquer *à toutes les autorités.* Sans ces deux qualités, la saine raison la repousse comme inadmissible. Prouvons dabord qu'elle ne convient

qu'à l'autorité elle seule, qu'elle la distingue parfaitement de tous les autres droits.

II. D'après l'indication de la raison elle seule, si je suis le premier propagateur d'un pays, les terres que j'ai défrichées, les biens que j'ai acquis, les bestiaux que j'ai élevés sont bien à moi sans doute; par mes soins et par mes travaux, ils me sont devenus aussi propres, aussi personnels, que les soins et les travaux avec lesquels je les ai achetés. Les droits de propriété que j'ai sur eux sont inviolables; ils sont fondés sur la nature : personne ne peut ni me les contester ni me les ravir, sans ébranler les fondemens du monde moral . . Cependant, ces droits de propriété quelqu'inviolables, quelqu'incontestables qu'ils soient ne sont point encore *des droits d'autorité*, ils sont encore infiniment au dessous *des droits d'autorité*: on ne doit point du tout les confondre avec eux. Pourquoi cela? .. parce que tous ces objets, quoiqu'ils soient acquis par mes peines, quoiqu'ils soient le fruit très naturel de mes soins et de mes travaux, n'ont cependant pas été produits par moi même, et je n'en suis pas *substantiellement l'auteur;* or, dès que je n'en suis pas substantiellement l'auteur, le droit de propriété que j'ai sur eux n'est pas celui que nous définissons: il est visible que notre définition ne les comprend pas, qu'elle ne peut point du tout leur être appliquée. . . . Enfin, qu'on calcule tous les objets dont chacun est *maitre*, mais dont il n'est pas *l'auteur*; ces objets sont innombrables sans doute, . . . Eh bien, quels qu'ils soient et quelque nombreux qu'ils soient, notre définition ne leur convient pas, ils ne sont point du tout compris dans notre définition, ils en sont formellement exclus; les droits qu'on a sur eux ne sont point des droits d'autorité, ce sont tout simplement des droits de propriété et des droits de domaine *jus domini* ou *jus dominii*. Donc, notre définition ne convient qu'à *l'autorité elle seule*, elle la distingue parfaitement de tous les autres droits.

III. Mais, mes enfans, mes descendans, mais tous ceux que j'ai produits et engendrés, tous les êtres qui sont tirés de mon propre fond et *dont je suis substantiellement l'auteur*, je n'ai pas seulement sur eux des droits de domaine, j'ai sur eux des drois qui sont infiniment supérieurs : *des droits d'autorité*; pourquoi cela? , parce que, outre que je les ai nourris du produit de mes peines; outre que je les ai alimentés du fruit de mes travaux, ils sont extraits de mon propre sang, formés aux dépends de ma propre substance; que selon l'énergique expression du fameux *Aristote* je suis le principe et la source de leur existence, j'en suis plainement et substantiellement l'auteur : *Pater autor est existendi*. Ils me doivent la soumission, le

respect et l'obéissance parce qu'ils me doivent la vie et toutes les facultés corporelles
dont ils se composent: *pater autor est existendi.*

„ C'est par cet ordre admirable de la
„ propagation, dit *le célèbre Fénelon*, que les
„ pères regardent leurs enfans comme une par-
„ tie d'eux mêmes, que les enfans regardent
„ leurs pères comme *auteurs* de leurs existen-
„ ce, *pater autor est existendi:* c'est par là,
„ ajoute ce grand homme, qu'ils sont dispo-
„ sés à se rendre les uns aux autres tous les
„ devoirs de tendresse, de gratitude, d'amour
„ et de respect. . . C'est par là, continue-t-il,
„ dans le chapitre suivant, qu'antérieure-
„ ment à tout contrat, chaque père de famille
„ a droit de gouvernement sur ses enfans":
et d'où le tire-t-il ce droit de gouvernement?
il le tire, selon Mr. de Fénelon, *de son titre
d'auteur*, parce qu'il est la cause de leur édu-
cation et *l'auteur* de leur naissance: *pater
autor est existendi.* De là *le mot autorité*,
comme le dit l'illustre *Bossuet* dans son sixième avertissement: donc, d'après les auteurs
les plus célèbres et les plus savans, c'est là
la source naturelle du mot *autorité*, c'est là
sa dérivation et sa signification propre. Donc,
d'après les auteurs les plus célèbres et les
plus savans, notre définition convient parfaitement *à l'autorité paternelle*, *)

---

*) Qu'on fasse dériver ce mot *autor* du mot grec
   Αυτουργος: *ipse operans, ipse faciens opus,*

IV. Mais si selon ces hommes célèbres, antérieurement à tout contrat, j'ai *droit d'au-*

---

comme le veulent quelques uns; ou bien d'Αυδεντεω, *autorem me praebeo* d'οu Αυδεντηω *autoritatem habens,* Αυδεντια *autoritas,* Αυδεντικος *autenticus* &c., comme le veulent les autres; ou bien du mot technique Αυτος *ipso, perse ipsum;* ou bien que les latins l'aient tiré tout simplement du verbe *augere, eo, auxi, auctum,* d'ou *auctor,* auteur, multiplicateur, tout cela nous est égal, les résultats sont toujours les mêmes. Dans tous les cas, c'est toujours produire, multiplier, engendrer de nouveaux êtres, et il n'y aura jamais que deux manières de produire de nouveaux êtres et conséquemment d'acquérir l'autorité, savoir *la création et la génération:* c'est de là que *Mr. Bossuet, Mr. de Fénelon* et tous les bons auteurs font dériver le mot *auteur,* et le mot *autorité.* En fait de gouvernemens, c'est là la clef de tout: sans cette notion, tout est ténébres: avec elle tout devient clair (*v. Bossuet 6e. avert. art. 5. principes de Fénelon sur là souveraineté, chap. 3. 4. et 5.* L'encyclopédie d'Yverdun art. autorité. *arist. nicom. 8. Pater autor est existendi cap. 13. Parentibus nemo dignam gratium retulerit. cap. 16. Quippe sint in causâ ut et sint et enutriti atque educati fuerint. cap. 14.* Plat. de L. L.

torité sur mes enfans, par la raison seule que
j'en suis substantiellement l'auteur, il est
évident que par la dérivation seule de la propagation, j'ai également ce droit sur tous,
ceux qui étant originairement extraits de mon
sang, me doivent primitivement la vie. Si,
par la raison seule que je suis l'auteur particulier de mes enfans, j'ai essentiellement autorité particulière sur eux ; par la raison
seule que je suis *l'auteur universel* de mes
descendans, il est impossible que je n'aie
pas *autorité universelle* sur eux, eu vertu de
mon titre seul *d'auteur universel*. De là *l'autorité souveraine*, qui, dans la nature, est
essentiellement la même que toutes les autres, qui n'en diffère que parce qu'elle est la
source universelle de toutes les autres, et
que toutes les autres en sont originairement
descendues: *pater autor est existendi*.

Nous savons très-bien que c'est là le
point important, le point sur lequel roule
toute la contestation, le point que l'on a
couvert de nuages et sur lequel nous devons
réunir tous nos moyens. *Que l'autorité paternelle vienne des pères ?* . . c'est ce que l'on

---

Prima lex secundum naturam est principium
generationis lib. 1. cap. 4. Putare quisque debet
omnia quae possidet eorum esse qui genuerunt et
educarunt.

ne conteste pas , et ce que l'on se gardera bien de jamais contester. Le bon sens, l'évidence, l'intérêt général de tous les pères particuliers tiennent les yeux entiérement ouverts sur cette vérité. Mais *l'autorité souveraine est-elle aussi une autorité paternelle?* prend elle sa source comme toutes les autres *dans l'auteur universel* de chaque peuple, ainsi que nous le prétendons? .. Voilà ce que l'on nie, voilà ce qu'on ne veut pas entendre, voilà ce qu'on ne veut pas savoir, voilà surquoi l'on ferme obstinément les yeux. *Cet auteur universel* de chaque peuple est la pierre de scandale contre laquelle sont venus se heurter, depuis le commencement du monde, toutes les passions, tous les intérêts et toutes les autorités particulières. C'est de *cet auteur universel* dont on veut se débarrasser; c'est *cet auteur universel* que l'on veut éloigner absolument du timon des gouvernemens. C'est pour le remplacer qu'on a imaginé le systême des conventions, qu'on a entrepris de lui substituer *l'absurde universalité des individus.* C'est pour cela qu'on l'a outrageusement dépouillé de tous ses droits, qu'on l'a biffé honteusement de la liste des pères, qu'on l'a supprimé dans nos nouvelles productions, qu'on n'en parle presque plus dans nos livres de droit public. Comparation odieuse qui décèle notre antipathie décidée pour la subordination, mais qui manifeste en mê-

a

me temps toute notre impuissance. Nous avons beau supprimer *ce père universel* dans nos livres nouveaux, il reste toujours dans les livres anciens, il se retrouve partout dans nos meilleurs ouvrages. Certes, quand *Aristote* parle *d'un roi*, ce n'est pas d'un particulier, c'est bien *d'un souverain* qu'il parle. Cependant, selon ce grand philosophe, ce *souverain* ne tire pas son autorité de *l'universalité des individus*, comme le veulent les conventionnels, il la tient, comme nous le prétendons, de *son titre d'auteur*, aussi bien que tous les autres pères. La nature seule, dit cet homme célèbre, nous enseigne qu'il y a de la différence entre *un roi* et ses sujets: *natura regem discrepare docet.* Et en quoi consiste cette différence? c'est tout simplement, répond il, dans ce droit naturel qu'un père a sur ceux qu'il a procréés : *quod sane habet qui procreavit erga natum et se.* (Politic. *lib.* 1. *cap.* 9.) Quoi de plus clair ! Lorsque Platon parle du gouvernement royal, certes ce n'est pas d'une autorité particulière dont il fait mention, c'est bien d'une autorité souveraine. Cependant *cette autorité souveraine* est la même, selon lui, que toutes les autorités des pères de famille, il ne met entre toutes les autorités aucune différence soit pour la source soit pour la nature: *hanc seu regiam quis, seu civilem, seu familiarem nominet disciplinam nihil interes-*

se putamus. . . . Ut unum idemque omnia componemus, ajoute-t-il plus bas. (Platon republ. liv. 1.) Quand les Bossuet, les Fénelon, les Rollin et les auteurs innombrables que nous avons déjà cités font gouverner les peuples naissans *par leur père commun,* quand ils appellent ce père commun *le souverain, le législateur, le monarque politique* de ces sociétés primitives, il est évident que ce n'est pas d'un père particulier, c'est bien d'un père souverain qu'ils parlent. Cependant, selon tous ces auteurs, comme selon *Aristote* et *Platon*, ce père souverain gouverne en vertu de son titre d'auteur, et l'autorité souveraine dont il jouit est une *autorité paternelle* aussi bien que toutes les autorités. *Ut unum idemque omnia componemus*. Malgré la conjuration générale des partisans des conventions, il s'en faut donc beaucoup que *ce père souverain* soit totalement oublié. Il est resté malgré eux dans la presque totalité des bons ouvrages.

Mais, quand, par impossible, on serait venu à bout d'effacer *ce père universel* de tous les ouvrages; quand par impossible il ne subsisteroit plus dans aucun auteur, il est un livre dont tous les efforts combinés des hommes ne l'effaceront jamais, c'est celui de la nature. On aura beau faire et beau dire, beau rayer et beau supprimer, *le père universel* sera perpétuellement dans le livre ouvert des générations, à la tête de chaque division du genre humain, et il s'y retrouvera perpetuellement *avec ses droits univer-sels d'autorité:* dès qu'ils lui sont essentiels, comme le dit fort bien *Mr. Bossuet*, ils sont inamissibles. Parce que tous les chefs qui sont descendus de moi sont les auteurs de leurs descendans, cela ne m'empêche pas d'être d'abord leur auteur. Ils me doivent l'amour, la soumission, le respect et la vie aussi incontestablement que tous ceux qu'ils ont engendrés la leur doivent à eux-mêmes; et puisque, si je suis père subalterne, j'ai essentiellement autorité subalterne sur mes enfans, par la raison seule que je suis leur auteur; quand je deviens *père universel* de tous les pères, il est impossible que je n'aie pas essentiellement *autorité universelle* sur eux tous, par la raison seule que je suis *leur auteur universel.* C'est là, dans la réalité, *cette personne publique et universelle,* dont tous les auteurs ont reconnu la nécessité indispensable, sous la direction de laquelle, se trouve naturellement placée l'universalité de ses descendans. On n'a pas besoin de diviser chaque personne en deux parts, pour composer cette personne publique, puisqu'elle est essentiellement divisée de toutes les personnes. On n'a pas besoin de lui conférer la souveraineté, puisqu'elle la possède par elle même. Elle n'a pas eu besoin d'attendre l'universalité de la nation, puisqu'elle existoit long-tems avant elle. Elle n'est pas emanée de l'universalité de la nation; c'est de cette personne unique que l'universalité de la nation est emanée: *l'auteur universel* d'un côté, *l'universalité de la nation* de l'autre: voilà les deux parties universelles de chaque gouvernement, sans lesquelles, il est impossible d'en former un seul; et *le père universel* en est incontestablement la première partie. C'est là, comme le disent *Mr. Bossuet et Mr. de Fénelon*, la première ori-„ gine des gouvernemens: c'est pour cela „ qu'anciennement on appelloit les rois *pè-* „ *res* dans presque toutes les langues. " Donc d'après le témoignage manifesté de la saine raison et de tous les bons auteurs, notre définition ne convient pas seulement aux autorités subalternes, elle convient surtout et avant tout *à l'autorité souveraine*, source première de toutes les autorités. *Hanc seu regiam quis, seu familiarem nominet disciplinam nihil interesse putamus.*

V. Et qu'on ne croie pas restreindre la généralité de notre définition par la distinction prématurée *d'autorité naturelle et d'autorité civile.* Parce que le père commun de chaque peuple est le souverain naturel de ses descendans, nous ne prétendons pas pour cela qu'il soit le souverain naturel de ceux qu'il n'a point engendrés. Nous ne ba-

lançons pas de convenir avec *Mr. Bossuet
et Mr. de Fénelon* que, pour lui donner le
droit de gouverner ces étrangers, sa pater‑
nité seule ne lui suffit pas, qu'il lui faut ou‑
tre cela une autorité civile pour completter
ses droits souverains; mais pour trouver
cette autorité civile, il ne faut ni s'élever
jusqu'à la hauteur de l'être suprême, ni se
précipiter dans le gouffre épouventable des
conventions, il suffit de remonter jusqu'au
père commun d'où descénd originairement
la cité toute entière. Ce n'est que dans les
questions suivantes que nous traiterons *des
corps civils;* mais pour prévenir toute équi‑
voque sur le sujet actuel, nous assurons d'a‑
vance comme un fait certain, que l'autorité
civile aura la même source que toutes les
autres autorités, qu'elle dérivera, comme
toutes les autres, *d'un père commun et univer‑
sel.* Quelqu'épitéthe qu'on lui donne, sous
quelque rapport qu'on l'envisage, *naturelle
ou civile, commune ou particulière, subalter‑
ne ou souveraine*, nous soutenons que toute
autorité humaine, quelle qu'elle soit, dérive
du mot *Autor;* l'autorité naturelle dérive
de l'auteur universel de chaque famille; l'au‑
torité civile dérive de l'auteur universel d'u‑
ne cité: voilà toute la différence. Mais tou‑
tes deux s'acquièrent par l'acte de la géné‑
ration; toutes deux prennent leur source
dans le titre d'auteur. Donc notre définition

est générale, elle embrasse, sans aucune exception toutes les autorités humaines. *Hanc seu regiam quis, seu civilem, seu familiarem nominet disciplinam, nihil interesse putamus.* *)

---

*) Quand on voit *Mr. de Fénelon* et tous les auteurs graves que nous avons cités, après avoir fait gouverner les peuples naissans *par leur père commun*, convenir ensuite *que sa paternité ne lui suffisoit pas*, il semble que ce soit une contradiction; et point du tout: la paternité de ce père commun lui suffisoit pour ses descendans; elle ne lui suffisoit point pour les étrangers. Relativement à ces étrangers, outre son autorité naturelle, il lui falloit une autorité civile; mais d'où tiroit-il cette autorité civile? *étoit-ce de l'universalité des sujets ou de l'auteur universel de la cité?* voilà la question. Nous avons prouvé dans la 1ere partie qu'elle ne pouvoit lui venir de l'universalité des sujets: nous prouverons dans celle-ci qu'elle lui vint de l'auteur universel lui seul. *L'auteur universel* d'un côté, *l'universalité des sujets* de l'autre: Voilà encore une fois les deux parties essentielles et constitutives de chaque gouvernement. *L'universalité des sujets* n'en est qu'une partie et encore la dernière, la partie engendrée, la partie essentiellement dépendante. *L'auteur universel* est la partie

VI. Si, par l'acte seul de la génération, j'acquiers des droits d'autorité sur tous ceux dont je suis l'auteur, il est clair que par l'acte de la création, l'auteur suprême de la nature a, sur tous les êtres qu'il a créés, des droits encore bien plus puissans et plus étendus: et si, par cela seul que je suis l'auteur souverain de mes descendans, je peux disposer en maître de mes droits de souveraineté sur eux, l'auteur suprême de la nature qui est l'auteur et le créateur de tout, peut, quand il le veut, me retrancher moi-même, en constituer d'autres sur ma tête et disposer à son gré de l'autorité suprême qu'il a sur tous ses ouvrages. Dieu seul, par la création est incontestablement la source suprême d'où découlent originairement toutes les autorités, tous les droits et tous les pouvoirs; il en est parfaitement le maître. Mais s'il a des droits d'autorité sur tous ses ouvrages, c'est toujours par la raison qu'il en est l'auteur. Ainsi notre définition ne convient pas seulement aux autorités humaines, elle convient également *à l'autorité de l'être suprême, quant à la source. Hanc seu regi-*

---

supérieure, la partie souveraine, la partie gouvernante, la partie d'où émane *l'autorité universelle* et qui la possédoit par droit de nature longtems avant l'apparition des peuples.

am quis, seu civilem, seu familiarem, seu divinam nominet disciplinam, nihil interesse putamus.

VII. Il y a plus, notre définition est si générale qu'elle ne se borne pas à l'ordre de la nature, elle s'étend à l'ordre surnaturel comme à tous les autres. Quand l'aigle de l'éloquence moderne, l'illustre *Bossuet*, dans son sixième avertissement, forcé de poursuivre son adversaire dans ses nombreux écarts, a pris son vol jusqu'à la génération surnaturelle du verbe, il a dit formellement et de la manière la plus expresse: *que le fils est une personne distinguée, une personne envoyée, qui reçoit tout de son père, dans lequel réside la source de l'autorité, parce qu'il est en effet le principe et l'auteur de son verbe, d'où vient aussi le mot d'autorité:* passage dans lequel on retrouve, non seulement notre définition toute entière, mais les termes mêmes dont nous nous sommes servis. Marque certaine que c'est là le sens du mot *autorité* dans toutes les suppositions possibles. *)

----

*) Si, comme le dit *Mr. Bossuet* le mot *autorité* vient *d'autor*, *l'autorité universelle* vient de *l'auteur universel*, *l'autorité souveraine* vient de *l'auteur souverain;* le principe posé, les conséquences coulent d'elles mêmes et si ces grands

Parce que ce grand homme a placé la source de l'autorité surnaturelle dans l'auteur éternel du verbe, faut-il en conclure qu'il a placé dans la génération du verbe la source de toutes les autorités humaines?.. Il s'en faut beaucoup. Tous les auteurs qui, comme *Mr. Bossuet*, font descendre de la divinité même les pouvoirs souverains, les tirent tout simplement de dieu *comme auteur de la nature*. Mais n'est ce pas une preuve de plus que tous ces grands hommes attachent partout au mot *autorité* le même sens que nous lui donnons, et qu'ils le font constamment dériver *d'Autor*, L'autorité surnaturelle, ils la tirent de dieu comme auteur surnaturel des personnes divines ; l'autorité naturelle, ils la tirent de dieu comme auteur de la nature. Donc notre definition est générale, elle convient sans aucune

---

hommes eûssent été réservés pour la terrible révolution qui nous a frappés, ils les eûssent poussées plus loin que nous. Ce qu'il y a de bien certain, c'est que le principe et les premières conséquences sont clairement dans leurs ouvrages. Celui que nous appellons *père universel*, ils l'appellent *père commun:* voilà toute la différence; mais c'est toujours ou dans dieu ou dans le père commun qu'ils placent la source de l'autorité, ce n'est pas dans le peuple.

exception à toutes les autorités quant à la source : *hanc seu regiam quis seu civilem, seu familiarem, seu divinam seu naturalem seu supernaturalem nominet disciplinam, nihil interesse putamus.*

VIII. Voilà, des témoignages bien nombreux et bien imposans qui viennent à l'appui de notre definition. Tous ceux qui placent la source des autorités dans les pères des peuples la placent comme nous *dans le titre d'auteur;* tous ceux qui la placent dans l'auteur de la nature la placent comme nous *dans le titre d'auteur:* dans la question que nous traitons, ces deux partiès n'en font qu'un seul, et ces deux parties renferment sans contredit tout ce qu'il y a eu de plus célèbre, de plus savant et de plus estimé dans tous les siècles. Si parmi ce nombre prodigieux de savans, les uns placent la source de la souveraineté dans dieu, les autres dans les pères, cette diversité d'opinions, loin de nous être contraire, ne fait que confirmer la grande vérité que nous venons d'établir, et qui jettera le plus grand jour sur tout ce qui concerne les gouvernemens.

IX. Quelle est-elle cette grande vérité? c'est qu'au flambeau seul de la raison, l'autorité pouvant s'acquérir de deux manières, elle peut avoir deux sources subordonnées, mais deux sources très distinctes, où elle peut également prendre naissance; une dans le ciel, l'autre sur la terre; une *dans la création*, l'autre *dans la génération*. Par la création dieu est auteur de tout et a autorité sur tout. Par la génération un père est auteur de ses enfans et a autorité sur tous ses enfans. Par la création dieu est l'auteur suprême de tout l'univers; par la génération l'homme est l'auteur suprême de ses descendans et par suite de tous les travaux et de tous les biens qu'ils font éclore. C'est sous dieu un véritable *autocrate*, il contient en lui même une source réelle d'autorité qui lui donne des droits sur tous les êtres qu'il a produits et qu'il a fait produire: et c'est de cette source subalterne placée par dieu lui même dans l'acte de la génération, que beaucoup d'auteurs font dériver les pouvoirs souverains.

X. Mais si, au flambeau seul de la raison l'autorité peut avoir deux sources; il est évident qu'elle peut aussi avoir deux maîtres, qui, quoique subordonnés l'un à l'autre, n'en sont pas moins les maîtres suprêmes de leurs droits; un dans le ciel, l'autre sur la terre; l'un *en vertu de la création*, l'autre *en vertu de la génération*. En vertu de la création dieu est le maître suprême de tout: il peut régir, gouverner, constituer et destituer, disposer à son gré de toutes les autorités et de toutes les souverainetés: voilà le maître qui est dans le ciel... Sous dieu et d'après les loix qui lui sont imposées par dieu, un auteur souverain, en vertu de la génération elle seule, est le maître de sa souveraineté: il peut régir, gouverner, constituer et destituer, disposer souverainement des droits d'autorité qu'il a sur ses descendáns. Voilà le maître qui est sur la terre; et c'est à ce maître constitué par dieu lui même, en vertu de l'acte de la génération, que béaucoup d'auteurs ont cru devoir attribuer la formation des gouvernemens.

XI. Parmi les autorités diverses dont nous avons fait l'énumération, il est donc certain qu'il en est qui ne peuvent émaner que de dieu seul. Dieu seul a pu créer l'univers: dieu seul peut produire des esprits: ainsi jamais l'autorité spirituelle et l'autorité surnaturelle ne pourront dériver que de l'être suprême; mais dieu ayant donné à l'homme la faculté de produire et d'engendrer des corps, l'homme acquiert une véritable autorité sur tous les corps qui lui doivent originairement l'existence: et c'est dans cette génération que dieu a placé la source de toutes les autorités humaines. Delà cette filiation superbe, cette chaîne admirable d'autorités qui frappent les regards attentifs, les unes divines, les autres humaines; les unes naturelles, les autres surnaturelles; les unes subalternes, les autres souveraines; les unes qui prennent leur source dans la

création, les autres dans la génération ; les
unes dans dieu, les autres dans l'homme ;
les unes plus haut, les autres plus bas. Il
est des autorités de bien des espèces sans
doute. Mais quelles qu'elles soient, de quelque source qu'elles partent, et de quelque
manière qu'on puisse les acquérir, il est évident qu'elles dérivent toutes *du titre d'auteur.* Pourquoi dieu a-t-il autorité universelle sur tout l'univers ? c'est parce qu'il en
est *l'auteur.* Pourquoi un père a-t-il autorité
universelle sur ses enfans ? c'est parce qu'il
en est *l'auteur.* Pourquoi une mère partage-
t-elle en second l'autorité ? c'est parce qu'elle
a partagé avec le père l'acte qui leur a donné le jour. Pourquoi le chef d'une branche
du genre humain a-t-il autorité universelle
sur ses descendans ? c'est parce qu'il en est
l'auteur universel. Donc c'est là l'acception
naturelle *du mot autorité.* Donc notre définition convient à toutes les autorités et ne
convient qu'à l'autorité elle seule. Nous
avons ajouté que c'est là la seule source, la
seule définition de l'autorité ; que toutes les
autres définitions sont fausses. *)

----

*) Les animaux ont aussi *autorité* sur leurs petits ;
   et l'exercice en est très long et très frappant dans
   ceux qui vivent en société comme les abeilles etc.
   Pour les espèces qui ne sont pas faites pour vivre

§. II.

Sources fausses.

1. **S**elon tous les maîtres de l'art, rien de plus rare qu'une bonne définition. Rien de plus commun que des définitions fausses: et jamais cet axiôme ne s'est vérifié plus complettement que dans la question importante que nous traitons.

Si quelqu'un prétendoit que l'autorité divine se compose de toutes les volontés humaines, que l'autorité paternelle se compose des volontés de tous les enfans, et qu'il s'avisat de définir ces deux autorités *la volonté générale des sujets :* l'univers entier se souleveroit contre une définition aussi absurde !. Mais vous, qui tirez l'autorité souveraine de l'universalité du peuple et qui la définissez *la volonté générale,* ne tombez vous pas

---

en société ou qui doivent être gouvernées par l'homme, comme *le chien, le boeuf, le cheval* etc. L'exercice en est beaucoup plus court. Mais cette autorité, comme toutes les autres, est toujours attachée au titre *d'auteur* et de père et mère: Ainsi notre définition convient à toutes.

dans cette absurdité ? . . Voilà donc ces adversaires atteints et convaincus de fausseté dès le premier pas. Puisque cette définition ne convient ni à l'autorité de dieu ni à l'autorité des pères de familles qui sont par milliers ou plutôt par millions dans chaque pays, elle est loin de convenir à toutes les autorités, et il est aisé de prouver qu'elle ne sauroit convenir à aucune.

II. Il ne faut pas se jetter dans des méditations bien profondes pour découvrir que, par nature, l'enfant qui vient de naître n'a encore ni sujets ni autorité; que des millions d'individus jusqu'à ce qu'ils deviennent pères, n'en ont pas davantage. Cependant au flambeau seul de la raison, il est de la dernière évidence que tous ces individus ont *une volonté*, et qu'ils en ont eu une dès l'instant de leur naissance. Donc, dans la nature et dans son essence constitutive, *l'autorité* n'est pas *une volonté*, elle en est tout à fait distinguée. L'autorité suppose essentiellement des sujets, la volonté n'en suppose pas. L'autorité donne essentiellement le droit de gouverner, la volonté ne le donne pas. L'autorité ne datte pas de l'instant ou nous avons une volonté, elle datte de l'instant ou nous sommes *pères*. Qu'on lise tous les auteurs que nous avons cités. S'ils donnent au père le droit de gouverner, ce n'est pas parce qu'il a une volonté; c'est par la raison qu'il est *père*; ce n'est pas de l'instant où il a une volonté, c'est de l'instant où il est *père.* L'autorité prend sa source dans le droit de paternité, ou plûtôt, *c'est le droit de paternité lui même. Quod sane habet qui procreavit erga natum ex se,* comme le dit fort bien *Aristote.*

De là il est aisé de conclure que l'autorité ne sauroit être définie ni *la volonté générale, ni la volonté particulière, ni un composé de suffrages et de volontés,* la volonté n'est point un droit, c'est une simple modification de l'âme. On peut céder ses droits à d'autres, on ne peut pas leur céder ses volontés. Et quand par impossible, on viendroit à bout de réunir ensemble toutes les volontés d'une société; quand par impossible on viendroit à bout de faire voter à l'unanimité tous les individus d'un peuple sur le choix d'un souverain, jamais cette unanimité de volontés ne lui donneroit un grain d'autorité: il faudroit toujours pour lui en donner, recourir à ceux qui l'ont, cestadire soit au père commun de ce peuple, soit au souverain de l'univers. Donc, en fait d'autorité, *la volonté* est une source fausse: donc cette célèbre définition, par laquelle on a transporté dans l'universalité des individus la source des autorités, cette célèbre définition d'après laquelle on a bouleversé le monde, brisé toutes les constitutions, détruit tous les gouverne

mens existans, est aussi absurde que désastreuse pour l'ordre social *).

III. Maintenant, croit-on qu'un père de
famille ait autorité sur elle *parcequ'il est*
fort, qu'il est spirituel, parce qu'il est riche,
puissant, grand conquérant, parce qu'il a de
grands biens et de grands domaines? ...
n'a-t-on pas, tous l es jours, sous les yeux des
pères de famille qui sont très pauvres, très
foibles, très peu avantagés du côté de la
taille, de la fortune, de l'esprit et des talens,

---

*) La volonté n'étant autre chose que l'ame voulant,
1. Elle est incommunicable, jamais on n'a pu ni
la donner, ni la recevoir. 2. Jamais on n'a pu
avoir pour soi la volonté universelle, perpetuelle et
toujours soutenue de tout un peuple. 3. Jamais
les membres du peuple qui n'ont aucune autorité,
n'ont pu donner ce qu'ils n'avoient pas, avec la
meilleure volonté du monde; et dans chaque peuple, il en est des millions qui n'en ont aucune.
Donc, jamais *l'autorité universelle* n'a pu venir
du peuple. Jamais qui que ce soit n'a pu la recevoir du peuple: ceux qui se croient souverains
et législateurs de cette manière ne le sont certainement pas. Jamais dans aucun tems et dans aucun
païs *l'autorité universelle* n'a pu venir et ne
pourra jamais venir que *de l'auteur universel.*
Toutes les autres sources sont fausses.

et qui n'ent ont pas moins *autorité* sur leur famille? . -

Donc, au flambeau seul de la raison, dans la nature et dans son essence constitutive, *l'autorité* n'est ni la force, ni la fortune, ni l'esprit, ni le mérite, ni l'adresse, ni les talens, ni la victoire, ni la conquête, ni le droit de domaine et de propriété que nous ayons sur nos biens: ce n'est rien de tout cela; elle ne consiste en rien de tout cela. C'est essentiellement le droit qu'un auteur a sur les êtres qu'il a produits, par cela seul qu'il en est l'auteur. Et quand, par impossible, l'homme le plus fort, le plus adroit, le plus riche, le plus puissant, le plus intrépide, le plus spirituel, le plus imposant par sa taille et par ses talens, eût pu, dans l'origine, se faire suivre par une société toute entière, et s'en faire proclamer souverain, toutes ces qualités, si elles eûssent été seules, ne lui eûssent pas donné un seul grain d'autorité *)

---

*) Ni l'esprit, ni le mérite ni aucune autre qualité soit spirituelle soit corporelle ne nous servent à engendrer. Voilà pourquoi dans l'homme, ni l'esprit, ni le mérite, ni aucune autre qualité soit spirituelle soit corporelle ne donnent aucun droit de gouvernement sur les autres hommes. Il n'y a que la génération corporelle elle seule qui donne ce

IV. Croit-on encore que Dieu ait *auto-rité* sur les hommes, et qu'un père ait *auto-torité* sur ses enfans parce qu'ils sont soumis, dociles, recornoissans, attachés, respec-tueux?.. quand tout l'univers se révolteroit contre son auteur, et quand toute une fa-mille se révolteroit contre son père, *l'auto-rité* en existeroit-elle moins? . . .

Donc au flambeau seul de la raison, *l'autorité* dans la nature et dans son essence constitutive ne résulte ni de la soumission, ni du respect, ni de l'amour, ni de la recon-noissance, ni du consentement, ni de l'ad-hésion des sujets : toutes ces sources sont

---

droit, et c'est là pour l'homme *la seule source de l'autorité.* Un fils quelqu'esprit qu'il ait, n'a au-cune *autorité* sur son père : Un père quelque borné qu'il soit a *autorité* sur son fils. En fait de gou-vernemens, c'est donc se faire illusion que de pla-cer les facultés spirituelles au-dessus des autres distinctions. L'autorité étant attachée par l'auteur de la nature *au titre de père et d'auteur,* le titre de père et d'auteur est avant tout, au-dessus de tout, le seul qui puisse donner des droits de gouvernement. Toutes les autres facultés soit spi-rituelles soit corporelles sont bien des moyens, mais elle ne sont que des moyens subordonnés à l'autorité et obligés de lui obéir.

évidemment fausses, parce que les sauvages ne respectent pas leurs pères, en ont-il moins des pères? ce n'est ni la soumission qui donne l'autorité, ni la révolte qui la retire. Elle existe avant tout cela, elle ne vient point de tout cela, elle est indépendante de tout cela. Elle réside essentiellement *dans le titre d'auteur.* Ce n'est point parce que l'univers s'est soumis, que Dieu a autorité sur lui, c'est parce qu'il en est *l'auteur:* ce n'est point parce que ses enfans sont soumis qu'un père a autorité sur eux, c'est parce qu'il en est *l'auteur.* Et quand, par impossible, un individu intrigant et ambitieux eût pu réunir, dans l'origine, tous les voeux d'une société, quand tous, sans aucune exception, eûssent juré de lui obéir et de lui rester soumis, toutes ces soumissions, si elles eûssent été seules, ne lui eûssent pas donné un grain d'autorité.

V. A-t-on jamais réfléchi sur un quatrième fait aussi simple et aussi frappant que tous les autres?.. *c'est que l'univers ne s'est pas créé lui seul, et qu'aucun de nous ne s'est engendré lui même!* ...

Donc, à quelque dégré que nous soions placés dans l'ordre de la propagation, la source de l'autorité n'est pas dans nous mêmes: elle est essentiellement au-dessus de nos têtes *dans l'auteur* qui nous a procréés. Nous pouvons être la source de l'autorité par rap-

port à nos descendans, mais nous n'en sau-
rions être la source par rapport à nous mêmes;
nous avons par droit de nature, *autorité* sur
nos descendans, mais nous ne saurious avoir
autorité sur nous-mêmes.

„ Donc, dit *Mr. de Fénelon*, rien n'est plus
„ faux que cette idée des amateurs de l'indé-
„ pendance que toute autorité réside originai-
„ rement dans le peuple, et qu'elle vient de
„ la cession que chacun fait à un ou plusieurs
„ Magistrats de son droit inhérent de se gou-
„ verner soi-même ". Donc rien n'est plus
faux que de placer la source de l'autorité dans
les pactes, les conventions, les élections et
les constitutions des sujets. Dieu n'a point
tiré *son autorité* de la constitution des hommes,
il la tire *de son titre d'auteur*. Un père ne
tire point son *autorité* de la constitution de
ses enfans, il la tire *de son titre d'auteur*.
Personne ne peut céder à un autre ce qu'il
n'a pas; et jamais qui que ce soit n'a eu *autorité* sur soi même *). D'après les lumières

---

*) Par l'ame nous avons bien *Domaine* sur notre
corps, mais non pas *autorité*: nous en sommes
bien *les maîtres*, mais non pas *les auteurs*.
Dieu seul a *autorité* sur nos âmes parce que lui
seul en est *l'auteur*. Nos pères ont *autorité* sur
nos corps parce qu'ils en sont *les auteurs*. Mais
nous n'avons aucune autorité ni sur nos âmes ni

de la saine raison, il est phisiquement impossible que *l'autorité* vienne des sujets: il
faut de toute nécessité qu'elle vienne d'en
haut, puisque tout auteur est essentiellement
au dessus de son ouvrage. Ce n'est point de
leurs descendans, c'est de l'auteur de la nature que les premiers auteurs des peuples ti-
rèrent *leur autorité.* Ce n'est point de ses
enfans, c'est de ses ancêtres que chaque père
de famille a tiré la sienne: et quand, par
impossible, toute une société eût pu s'accorder à l'unanimité sur le choix d'un chef, jamais ce chef n'eût pu tirer de ce choix unanime, un seul grain-d'autorite sans le consentement du chef naturel.

VI. Mais de peur que les adversaires ne
fassent difficulté d'appliquer à l'autorité sou-

---

sur nos corps. Voilà pourquoi jamais personne
n'a pu constituer sur soi même: voilà pourquoi
jamais aucun peuple n'a pu constituer sur lui même.
Il a bien pu constituer de fait, mais constituer de
droit et donner à un autre le droit de gouverner,
cela est impossible. *L'autorité* qui a le droit de
nous gouverner est essentiellement au dessus de nos
têtes dans les deux auteurs qui nous ont procréés;
et l'âme est obligée de diriger le corps, en sous
ordre, sous la direction des deux autorités qui son
essentiellement au dessus de nous. (Pour la citation
V. Principes de Fénelon chap. 6.)

veraine ce que nous disons de toutes les autorités, terminons tous ces faits par un cinquième fait bien simple qui ne laisse aucun subterfuge.

N'est-il pas évident que, par l'institution seule de la nature, et en vertu de l'ordre seul de la propagation, il y eut essentiellement *un auteur universel* à la tête du genre humain, *un auteur universel* à la tête de chaque branche, *un auteur universel* à la tête de chaque famille, sans quoi les hommes actuels n'existeroient pas. Ce cinquième fait est incontestable.

Donc, par l'institution seule de la nature, et en vertu de l'ordre seul de la propagation, il y eut essentiellement *une autorité universelle* à la tête du genre humain, *une autorité universelle* à la tête de chaque branche, *une autorité universelle* à la tête de chaque famille, et cette autorité universelle est essentiellement *souveraine* toutes les fois qu'elle est la première dans un pays. Donc l'autorité universelle ne prend point sa source dans l'universalité des sujets. Ce n'est point de l'universalité de sa famille, qu'un père tire son autorité, c'est de *son titre d'auteur universel.* Ce n'est point de l'universalité des créatures que Dieu tire son autorité souveraine, c'est *de son titre d'auteur universel.* Ce n'est point de l'universalité de ses descendans que le chef d'une branche tire son

autorité souveraine, c'est *de son titre d'auteur universel.*

VII. Donc, au flambeau de la raison
elle seule, la souveraineté ne sauroit être
l'ouvrage des peuples; elle n'a point été con-
férée aux souverains sur la présentation des
peuples; ce n'est ni la volonté, ni la soumission, ni l'élection, ni la constitution des peuples; elle existoit dans chaque pays long-
tems avant l'apparition des peuples; elle a
été créée immédiatement par Dieu lui même
long-tems avant tous les suffrages, toutes
les élections, toutes les proclamations des
peuples ; la source, même sur la terre, se
trouve placée irrévocablement beaucoup au-
dessus de la tête des peuples; elle est fixée
dans le titre *d'auteur universel,* par l'auteur
même de la nature. . . Donc, comme l'enseigne *Mr. Bossuet* dans son 5. avert. ... La
souveraineté ne tire point sa vertu *d'un pacte
social,* elle tire sa force obligatoire *de la loi
de l'être suprême*; elle n'est point le résultat
versatile d'un pacte social, elle existoit long-
tems avant tous les pactes, tous les contrats,
avant la possibilté même des institutions humaines: sa source, même sur la terre, a été
placée infiniment au-dessus de tous les sistémes, de toutes les révolutions et de tous les
bouleversemens: elle est fixée dans le titre
d'auteur universel par l'auteur même de la
nature.

Donc, dans sa nature et dans son essence constitutive, la souveraineté n'est ni un être moral ni une qualité d'attribution, ni une modification absurde de suffrages; c'est une qualité très réelle, très naturelle, très indestructible, c'est un droit inhérent à la personne même de l'auteur universel, un droit dont il est essentiellement le propriétaire. Donc la personne du souverain n'est pas une personne morale, un composé précaire, impossible et extravagant de toutes les volontés, c'est une personne publique très phisique, très réelle, très indépendante, très universelle dans ses droits, très réellement et très phisiquement distinguée de l'universalité de ses descendans: c'est parce qu'il est l'auteur universel de ses descendans qu'il a autorité universelle sur eux, et il a autorité universelle sur eux, non parce qu'ils l'ont bien voulu, mais par la raison seule qu'il est leur auteur universel: voilà son titre. Donc, au flambeau de la raison elle seule, la souveraineté vient des pères et non pas des enfans; elle vient des souverains et non pas des peuples; elle vient de l'auteur universel, et non pas de l'universalité des sujets: et toutes les sources qui ne se trouvent pas placées originairement dans le titre d'auteur sont très certainement des sources fausses. On peut argumenter, subtiliser sur ces inductions parce

qu'on peut subtiliser sur tout: les détruira-
t-on? . . j'ai peine à le croire. *)

VIII. La première objection qu'on ne
manquera pas de nous faire, c'est que, si
c'étoit là la source des autorités, on n'eût pas
été si longtems à la découvrir; elle se trou-

---

*) Si *Mr. Bossuet*, *Mr. de Fenelon* et autres auteurs que nous avons cités, eûssent jamais dit que
la souveraineté vient de *l'universalité du peuple*, nous ne balancerions pas d'affirmer qu'ils
eûssent érré sur ce point, qu'ils eûssent admis
l'impossible, et qu'ils seroient tombés en contradiction avec eux mêmes; mais jamais ils ne l'ont
dit, jamais ils n'ont entendu le mot *peuple* de
cette manière. *Le peuple* dont ils parlent, paroîtra
par tout avec ses pères, ses chefs et ses inégalités,
demanière que, d'après ces auteurs, quand par impossible le peuple entier s'assembleroit, éliroit, et
nommeroit la personne du souverain, ce seroient
toujours les pères eux seuls qui constitueroient, les
pères eux seuls qui céderoient leur droits, les pères
eux seuls qui conféreroient *l'autorité*, demanière
que dans tous les cas, comme le dit fort bien *Mr.
Bossuet*, ce mot *autorité* viendra *d'autor*, et non
pas de l'absurde universalité des sujéts. C'est ce
mot *peuple* mal entendu qui a jetté tant de monde
dans l'erreur, comme nous le verrons avec le tems.

veroit dans tous les auteurs ; il en seroit fait mention dans l'histoire? Reprenons ces difficultés.

Dabord, quand il seroit bien vrai que la source des autorités fût nouvellement découverte, ce ne seroit pas une raison pour la rejetter. Personne n'ignore qu'on a vécu très longtems au milieu de l'air sans en connoitre les effets les plus frappans et les plus communs. La première fois qu'on annonça au monde que la pesanteur de l'air étoit la cause de l'ascension des liqueurs, la surprise fut à son comble: auparavant on ne s'en doutoit pas. Parce que l'erreur étoit générale, en étoit ce moins une erreur? et parce qu'on fut longtems sans découvrir la vérité, eut-on, quand elle parut, le droit de lui refuser des hommages? qui ne sait que les découvertes les plus simples, après s'être dérobées longtems à toute la sagacité de l'esprit humain, furent presque toujours l'effet tardif d'un incident et d'une espéce de hazard.

IX. Mais il s'en faut de beaucoup que nous donnions cette source comme une découverte neuve. Dans l'antiquité toute entière, comme nous le verrons cy après, tous les peuples primitifs savoient très-bien que c'étoit à leur père commun à les gouverner, ils savoient très-bien qu'il en avoit le droit en vertu de son titre seul *d'auteur universel:* ainsi la source dont nous parlons fut parfai-

tement et généralement connue dès le commencement du monde. Il s'en faut de beaucoup
que nous donnions cette source comme une
découverte neuve même pour les modernes.
Si notre définition ne se trouve pas partout
en termes aussi clairs et aussi formels que
dans *Mr. Bossuet*, elle se trouve du moins
partout en substance. Certes, tous ceux qui
font dériver l'autorité de l'auteur de la nature la font dériver comme nous du titre
d'auteur: tous ceux qui la font dériver des
pères des peuples la font dériver comme
nous du titre *d'auteur.* Tous ceux qui parlent, soit *de l'autorité de dieu*, soit *de l'autorité des pères de famille*, les font dériver
comme nous du titre *d'auteur.* Nous pouvons affirmer sans crainte, que dans cette définition tout l'univers est complettement pour
nous, que la source dont nous parlons se
trouve au moins implicitement reconnue par
l'universalité des hommes, sans en excepter
les adversaires eux mêmes! . . . Oui, les adversaires eux mêmes: nous ne nous en dédi-
sons pas! . . . . Qu'on nous cite un seul auteur, même parmi les adversaires, qui ait
jamais prétendu: que dieu tire son autorité
de l'universalité des hommes, qu'un père tire
la sienne *de l'universalité de ses enfans;* et
qui ait en conséquence défini ces autorités
la volonté générale! . . . Qu'on nous en cite
un seul depuis le commencement du mon-

de! . . . . Voilà donc les adversaires eux mê.
mes forcés de renoncer à leur définition dans
une multitude innombrable d'autorités, con.
séquemment de convenir qu'elle est fausse ,
puisque toute définition qui ne convient pas
à toutes les autorités ne convient à aucune.

X. Quelle est donc l'autorité que les
adversaires veulent faire dériver *de l'univer.
salité des sujets?* c'est, comme nous l'avons
déjà dit, *l'autorité souveraine* et l'autorité
souveraine elle seule.   Or nous le demandons
aux adversaires eux mêmes: pourquoi cette
bizarre exception? puisque toutes les au·
tres autorités dérivent du titre d'auteur,
pourquoi celle ·ci n'en vient elle plus? . .
Puisqu'aucune des autres autorités ne vient
de l'universalité des sujets, pourquoi celle-
la seule en vient elle? *est ce parce qu'elle
est souveraine?* . . Mais l'autorité de dieu
l'est encore davantage: — cependant d'où
la tirez ·vous? est · ce de l'universalité des
hommes. . . *Est ·ce parce qu'elle est univer.
selle.* Mais elles le sont toutes: l'autorité
de dieu s'étend à tous les hommes: l'autorité d'un père s'étend a tous ses enfans: ce·
pendant d'où les tirez· vous? est·ce de *l'u.
niversalité?* n'est·ce pas tout simplement de
leur titre *d'auteur universel?* pourquoi donc
une autre règle pour *l'auteur universel* d'un
peuple?

XI. On nous objecte que si c'étoit là la source des autorités, il en seroit fait mention dans l'histoire! . . Aussi prétendons nous bien qu'on y en parle par tout en termes si clairs qu'il faut vouloir fermer les yeux pour ne l'y pas appercevoir. Dans un sujet aussi important nous ne nous en tiendrons pas aux preuves de raison, nous cumulerons tous les genres de preuves possibles. Puisqu'il n'y a litige ni sur l'autorité de dieu ni sur celle des pères subalternes, que toute la difficulté roule *sur l'autorité souveraine de l'homme;* tenons nous en à cette autorité. Après avoir prouvé clairement par la raison, qu'antérieurement à toute convention, *l'auteur universel* de chaque peuple avoit le droit de gouverner en vertu de son titre seul *d'auteur universel*, prouvons maintenant par l'histoire entière qu'il l'a fait: nous défierons ensuite de citer un seul trait qui place la source de la souveraineté dans les peuples. *)

---

*) Pour terminer clairement nos preuves de raison, réduisons le tout à un argument bien simple. Parmi les hommes, il en est des millions qui n'ont aucune *autorité*, car tous les enfans qui ne sont pas mariés, n'en ont aucune. Donc, *l'universalité* des hommes n'a jamais pu donner l'autorité; donc jamais l'autorité n'a pu venir de *l'universalité* des hommes. Toutes les sources qu'on place dans

§. III.

Sources de l'autorité d'après l'histoire.

1. Par quelle histoire veut-on commencer? est-ce *par la mythologie?* qu'on ouvre ce monument mémorable de l'antiquité payenne. Dès le premier chapitre, et peut être dès le premier mot de la première page, on y verra briller la vérité importante que nous ve-

---

l'universalité sont des sources fausses, impossibles et extravagantes. Tous les talens, toutes les vertus, toutes les facultés soit spirituelles soit corporelles, peuvent bien donner des avantages d'exécution, des avantages de moyens; mais *des droits d'autorité* sur les autres, il n'y a que *le titre seul d'auteur* qui en donne. *Autorité particulière, autorité universelle; autorité divine, autorité humaine; autorité souveraine, autorité subalterne,* toute autorité en général comme le dit *Mr. Bossuet*, vient de là: et c'est en imaginant une autre source, pour l'autorité souveraine de l'homme, qu'on est tombé dans les erreurs les plus terribles et les plus désastreuses pour tous les gouvernemens et pour tous les peuples. *Hanc seu regiam quis, seu civilem, seu familiarem nominet disciplinam, nihil interesse putamus.*

nons d'établir. *Ce vieux Saturne* qui partage à ses trois enfans le gouvernement de l'univers, n'a certainement point reçu ses pouvoirs du suffrage de ses enfans, il agit bien en vertu de son titre *d'auteur universel*, antérieurement même à la possibilité de toutes conventions; et ses enfans, chacun dans la partie de gouvernement qui leur est assignée, sont bien, en vertu de l'autorité qu'ils ont reçue de leur père, les souverains absolus de leurs sujets. Jamais il n'y eut de pareils maîtres.

II. Tous ces dieux, ces héros et ces demi-dieux étoient-ils des dieux?.. Non sans doute: c'est là ce qu'il y a de fabuleux. C'étoient tout simplement, comme le dit *Mr. Bossuet*, les dieux de la terre, les chefs et les rois des premières nations: on nomme les empires qu'ils ont fondés, les peuples qu'ils ont engendrés, les nations qui se glorifioient de les avoir pour pères. Ce sont ces nations elles-mêmes qui, accoutumées à trembler sous leur autorité pendant la vie, les ont divinisés après leur mort. Qu'on passe en revue tous les peuples de l'antiquité, à l'exception du peuple d'Israël, il étoit bien rare qu'ils ne fissent pas descendre leurs fondateurs des dieux ou des demi-dieux de la fable, et ils étoient infiniment intéressés à le faire: parce que, plus l'auteur d'où ils descendoient s'élevoit au dessus du peuple, plus il se rapprochoit de l'auteur du genre humain, plus l'autorité qui les gouvernoit avoit d'étendue: et plus l'autorité qui les gouvernoit avoit naturellement d'étendue, plus elle avoit au-dessous d'elle de forces et d'individus à faire mouvoir.

III. Or, nous le demandons aux adversaires: tous ces fondateurs fameux d'où les premières nations sont descendues, tiroient-ils des nations qu'ils avoient procréées, leur autorité et leurs pouvoirs?... Quoi, nous écrierons nous avec *Mr. Bossuet, tous ces rois que les peuples de l'antiquité regardoient comme des dieux, ou plutôt qu'ils n'osoient regarder*, n'étoient que les commis des peuples, que les executeurs passifs des volontés de leurs sujets?... Ce qu'il y a de bien certain, c'est qu'à s'en tenir à la lettre même de l'histoire, tous ces dieux et demidieux n'étoient point de simples particuliers; ils ne gouvernoient point une seule maison, ils régnoient sur des empires. Ce qu'il y a de bien certain c'est que ce n'étoient point les peuples qui les avoit choisis, c'étoit, selon la belle expression *d'Homère, le père des dieux qui les avoit établis pasteurs des peuples.* Ce qu'il y a de bien certain, c'est que tout, jusqu'à leur existence même, fût il fabuleux, *la mythologie* n'en auroit pas moins placé, comme nous, la source de l'autorité dans les pères: elle n'en seroit pas moins un monument ineffaçable de ce que tout l'univers croioit alors : *que toute autorité vient d'autor :* que l'autorité souveraine n'a pas d'autre source que toutes les autres autorités, et que dès l'origine, l'autorité universelle dérivoit tout simplement *de l'auteur universel,* et non pas de la monstrueuse universalité des individus.

IV. Préfère-t-on des faits dégagés de tout ce merveilleux : qu'on ouvre l'histoire ancienne. Qu'on y remonte au point d'où sont sortis d'abord tous les peuples, et aux chefs des branches qui ont produit chaque peuple en particulier, on y verra la vérité que nous enseignons encore plus clairement consignée que dans la mythologie. Ce vieux patriarche qui, constitué le maître suprême de l'univers par l'auteur même de la nature, partage la terre à ses trois fils, n'avoit certainement pas reçu ses pouvoirs de ses descendans ; il agissoit bien en vertu de son autorité universelle ; et ses enfans, chacun dans la partie du monde qui leur fut assignée, agissoient bien en vertu de l'autorité qu'ils avoient reçue de leur père. *Les Sem, les Cham, les Japhet, les Assur, les Nemrod, les Teut, les Javan, les Cécrops,* tous les premiers disséminateurs du genre humain ; tous les chefs et les fondateurs des empires, d'où sont descendus les juifs, les Ismaélites, les Phéniciens, les Grecs, les

Germains et tous les peuples connus en général, se trouvoient, avant l'accroissement
même de leurs descendans, investis d'une
autorité bien étendue, puisque, selon tous
les bons critiques, *Japhet* fut le père universel de toutes les nations de l'europe, et con-
séquement de ce fameux *Japet*, d'où la fable
a fait descendre tant de dieux et de demi-
dieux, qui n'étoient dans la réalité, selon
l'expression *de Mr. Bossuet*, que les dieux
de la terre.

V. „ *Teut*, *Thiet ou Titan*, dont *Tacite*
„ fait descendre tous les peuples teutohs ou
„ germains, dit *Mr. Leïbnitz*, signifioit Baron
„ ou Prince. Quand la fable nous raconte
„ que ses descendans les titans firent la
„ guerre à *Jupiter* et aux autres dieux, c'est
„ dire, dans la vérité, que les premiers
„ germains sous leur *Brennus* ou chef firent
„ la guerre aux Princes de la grèce et de
„ l'asie mineure.“ „ Les Grecs dans leurs histoi-
„ res et leurs traditions, observe *Mr. de Fé-
„ nélon*, nous donnent la même idée de l'ori-
„ gine des peuples; les pélasgiens, selon eux.
„ descendoient *de pélasgus*, les helléniens *de
„ Hellen* fils de Deucalion, les Héraclides,
„ *d'hercules*; tous les historiens, ajoûte ce
„ grand homme, placent l'origine de chaque
„ nation *dans un père commun* “ conséquemment, comme nous le disons, *dans un père*

universel qui étoit prince, baron ou chef en vertu de son titre d'auteur. *)

VI. Or, nous le demandons de nouveau aux adversaires : tous ces princes, barons ou chefs étoient-ils des pères particuliers, n'exerçoient ils leur autorité que sur une maison? tous ces premiers fondateurs des peuples avoient-ils été élus par leurs descendans? qu'on nous en cite un seul qui ait été établi de cette maniére ; nous conviendrons que, par la plus bizarre de toutes les exceptions, l'autorité souveraine a une autre source que les autres autorités ; que, par la plus inouie de toutes les combinaisons, elle a pu résulter de l'étrange universalité des individus . . . Mais si, dans l'histoire profane toute entière, il est impossible de citer un seul trait favorable à cette opinion; si partout, *le père commun* de chaque peuple exerce le pouvoir de gouverner long-tems avant la multiplication de ses descendans, antérieurement à la possibilité même des conventions, il faut donc, malgré soi, en revenir à la nature, convenir que l'histoire profane parfaitement d'accord avec la raison, nous crie à chaque page; qu'il en est de l'autorité universelle comme de toutes les autres autori-

----

*) Principes de Fénelon sur la souveraineté chap. 7. Théodicée de Leibnitz Nro. 140.

tés, qu'elle prend essentiellement sa source *dans l'auteur universel*, et qu'elle ne diffère des autres autorités que parce qu'elle est la source universelle d'où sont émanées originairement toutes les autres. *)

VII. Veut-on encore un monument plus imposant? . . Qu'on lise l'histoire la plus ancienne, la plus célèbre et la plus autentique qui fut jamais, celle qui remonte au-dessus de toutes les histoires. Qu'on y étudie l'origine des choses: on y verra tous les peuples primitifs sortir d'abord d'un père commun, se séparer ensuite les uns des autres aussi naturellement qu'on voit le tronc d'un arbre se diviser d'abord par branches et les branches se subdiviser en une infinité de rameaux. Qu'on en suive la progression, on verra toutes les nations descendues d'abord d'un seul chef et parties d'un seul point, s'étendre de proche en proche, passer dans

---

*) Qu'on lise *Joseph, Bochart, Hésiode, Hérodote, Pline, Bérose, Strabon, Hellanicus, Cadmus de Milet*, tous les auteurs qui ont écrit sur l'origine des peuples. On n'y trouvera pas un seul fondateur élu dans des conventions populaires. Qu'on lise tout ce qui a été écrit sur les peuples sauvages, avant toutes les élections possibles, on y trouvera *des anciens, des senieurs ou des seigneurs* qui n'avoient pas été élus.

divers pays, et paroître, chacune dans le
pays où elles arrivent, avec des chefs prééxistans, qui jettent les foudemens des cités,
les conduisent et les gouvernent sans aucune élection préalable. On y verra, dès l'o-
rigine, des cités se former autour d'*Adam*,
d'autres se former autour *de Caïn*, chacune
sous la direction de leur père.

Après le déluge, on y verra des ducs et
des rois sortans *de Noë*, d'*Abraham* et autres
patriarches avec le nom de peuples issus de
ces ducs et de ces rois. Qu'on s'arrête à chaque récapitulation, on y verra le résumé de
tous ces chefs primitifs clairement désignés
par leurs noms, ainsi que les peuples qui en
sont descendus, les régions ou ils comman-
dérent, les villes où ils régnérent, *regiones
ubi imperabant*, *urbes ubi regnabant*: et cela
sans élections ni conventions, en vertu de
l'autorité qu'ils avoient reçue *de l'auteur universel* d'où ils etoient descendus eux-mêmes.
Certes, voilà bien des chefs et des souverains
tous formés avant l'universalité des peuples *).

VIII. Or, pourquoi tous les historiens
sacrés et profanes, de quelque secte et de
quelqu' opinion qu'ils soient, quand il est
question de ces faits primitifs, s'accordent-
ils tous à placer l'origine des peuples, con-

---

*) Genése chap, 10, et chap, 36.

séquemment la source de autorités , dans les chefs et les fondateurs naturels, sans faire la plus petite mention d'élections?.. parce que, lorsqu'il est question de ces faits primitifs, les historiens qui les ont écrit les premiers, ont développé la descendance des peuples, et la filiation des autorités, d'après le cours de la nature , qui est indépendant de tous les sistêmes.

IX. Maintenant, veut-on juger de ces historiens par leurs interprêtes et leurs commentateurs? qu'on les consulte tous, sacrès ou profanes, royalistes ou démocrates, de quelque secte et de quelque parti qu'ils soient, même les plus déclarés pour le sistême conventionnel. Quand ils en sont à ces faits primitifs, qu'on les interroge. . . Qu'on leur demande si *les cananéens* descendoient *de canaan, les ismaëlites d'ismaël, les iduméens. d'édam, les arsacides d'arsaces, les amphytrionides d'amphytrion, les tyndarides de tyndare, les argiens d'argus, les troyens de tros, les dardanides de dardanus etc.* . . Qu'on leur demande qui étoient ces chefs: si c'étoient de simples particuliers qui ne gouvernoient qu'une maison et qui eûssent été élus par leurs descendans? ... ils répondront tous unanimement, de concert avec les historiens, que c'étoient les pères de ces peuples, des hommes célèbres, fondant des cités, bâtissant des villes, donnant leur nom aux rivières, aux montagnes, à des pays tout entiers, des hommes fameux parmi leur descendans et renommés chez tous les peuples. *)

X. Parce que ces fondateurs célèbres donnoient leur nom aux rivières et aux montagnes, qu'ils devenoient fameux parmi leurs descendans, les cités qu'ils fondoient, étoient-elles, dès l'instant même de leur fondation, aussi peuplées que *Pekin*, aussi superbes que *Rome* et toutes nos capitales actuelles? non sans doute. Comme l'observe fort bien *Dom Calmet*, dans leur origine primitive, ce n'étoient la plus part, que des villes de toiles, qu'un petit amas de tentes ou de cabanes mal bâties entourées de palissades ou de fossés pour les défendre des bêtes féroces. L'histoire de ces premiers tems fait mention de villes cent fois détruites et brulées par les ennemis, rétablies presqu'au même instant; et on ne reconstruit pas des palais en deux

---

*) Parmi les historiens et les interprétes de l'antiquité, il en est beaucoup qui sont démocrates par sistéme et qui ont admis les conventions populaires, lors de la formation des grandes sociétés; cependant, quand il est question des pères des peuples, des fondateurs et des premiers législateurs, tous se réunissent sur ces faits primitifs. Pourquoi cela? parce que dans ces faits primitifs, c'est la nature elle même qui parle; il faut laisser là tous les sistémes.

jours. — Généralement parlant, les plus grands peuples sont sortis d'un seul homme, et les états les plus magnifiques ont eu de bien petits commencemens. Delà tant de disputes entre les savans sur la chronologie, la géographie, sur le tems, le local précis, la grandeur, la situation de certaines cités, sur le nom, la qualité, l'arrivée de leur fondateur ou restaurateur véritable : voila sur quoi disputent souvent les commentateurs. Mais toutes ces cités ont-elles eu des fondateurs, qui ont gouverné cinq ou six maisons, ensuite cinquante? tous les peuples ont ils eu des pères, des chefs naturels, indépendans de leur élection et antérieurs à leur existence? c'est sur quoi aucun historien ni aucun commentateur n'a jamais disputé : c'est sur quoi personne ne disputera jamais sans révolter le bon sens et démentir l'antiquité toute entière.

Or, pourquoi tous les interprétes et tous les historiens qui ont écrit sur ces faits primitifs, fûssent-ils les plus démocrates et les plus décidés pour les conventions populaires, se réunissent-ils tous sur ce point? pourquoi s'accordent-ils tous à placer la source du gouvernement dans les auteurs des peuples? pourquoi? c'est parce que dans ces faits primitifs il faut malgré soi obéir à la force des choses, prendre la nature telle qu'elle est, et laisser là tous les sistémes.

XI. Voilà donc l'antiquité toute entière, tous les faits, toutes les histoires, tous les interprêtes et commentateurs qui s'unissent à la nature, à la raison, et aux bons auteurs pour nous crier tous ensemble que l'autorité souveraine vient, comme toutes les autres, du mot *autor*: que dans l'origine ce furent les chefs qui procréérent les peuples ; ce ne furent point les peuples qui créérent les chefs. *)

---

*) *Mr. Bossuet, Fénelon, Fleury* et tous les bons auteurs, en général, attestent que le nom *de père* étoit dans la plus grande vénération chez les anciens. Les grecs portoient le nom de leurs pères, ils le mettoient dans tous leurs actes, les romains en firent de même: le rivage où le premier fondateur avoit abordé, la rivière où il étoit entré, la montagne ou il s'étoit assis, tout portoit son nom et devenoit fameux: tous les anciens appelloient leurs rois leurs pères et ils l'étoient en effet: ils regardoient le roy comme la base, le fondement, la source de tout: *basileos*. Et il l'étoit en effet, parce que *le père commun* avoit été le principe, la source et l'auteur universel d'où étoient sorties originairement toutes les personnes et par suite toutes les choses. De là dans ces premiers tems la force du mot *autorité* et sur tout du mot *autorité souveraine* d'où étoient sortis tous les pères et toutes les autorités subalternes.

A cette masse de faits, d'autorités et de citations, on se pressera d'opposer *les Rômains*, *les Francs*, *les Juifs* et autres peuples cités dans l'histoire qui se sont donné des chefs et des rois! . . commençons par le plus fameux de tous ces peuples : analisons rapicement son histoire : je doute qu'on y trouve rien de favorable à la création de la souveraineté par les peuples.

---

§. IV.

Sources de l'autorité chez les romains.

1. On a assigné bien des causes de la grandeur et de la décadence des peuples romain, on en a négigé une qui devoit, ce me semble, marcher à la tête de toutes les autres, c'est là grandeur et la décadence de son autorité.

Si jamais ville fut faite pour commander à l'univers, ce fut *Rome*, fondée par un auteur qui par les ancêtres et par *Enée* se préten doi descendu des dieux, et que le sénat eut la politique de placer au rang des dieux après sa mort ; cette ville parût avec une origine et *une autorité* qui mettoit déjà ses rois au dessus des autres rois, son peuple au dessus de tous les autres peuples, et son chef infini. ment au dessus de tous les étrangers qui ve.

noient se réunir sous ses étendarts. Les loix, les ordres, les établissemens d'un pareil fondateur portoient déja un caractère de grandeur, auquel tous les peuples voisins ne pouvoient atteindre. Mais d'où ce fondateur tiroit-il cette grandeur et cette autorité? étoit-ce du peuple ou des nouveaux venus?.. c'étoit évidemment *de ses pères et de ses ancêtres.* *)

II. Le sénat que *Romulus* s'adjoignit pour gouverner, tiré des premières familles et composé des pères du peuple, conséquemment des premières autorités après celle du souverain, parut, dès son origine, avec les droits acquis au respect des sujets et à celui des peuples voisins. A cette grande autorité que le sénat tiroit de ses pères, les rois postérieurs en ajoûterent une bien plus grande; car *Tullus Hostilius* dans son projet de république lui remit tout le pouvoir des rois, et ce projet fut exécuté après l'expulsion *des Tarquins.* Dans cette constitution faite par un roi lui même, c'étoit à l'ordre des patriciens qu'étoient attribuées toutes les places, tous les emplois et tous les commandemens. Quand le peuple voyoit les consuls se placer à sa tête, il respectoit en eux l'au-

---

*) Constat initio civitatis reges omnem poestatem habuisse, *inquit Pomponius* . . . . Romulus nobis ad libitum imperaverat, *inquit Tacitus.*

torité paternelle revêtuè par surcroit de l'autorité des rois. Quand les soldats voyoient arriver des chefs, ils voyoient arriver des pères revêtus par surcroit de l'autorité souveraine, auxquels ils étoient tenus d'obéir. Quand les juges portoient des décrets, le peuple entendoit la voix et reconnoissoit l'empreinte de ses pères. Cette auguste assemblée qui, dès son origine, portoit le beau nom *de pères conscripts* se conduisoit avec tant de sagesse, jugeoit avec tant d'équité dès le tems des rois, que les peuples voisins s'en remirent souvent à elle pour prononcer sur leurs différens. Aussi *Rome* jalouse de sa grandeur ne composoit pas son sénat des députés des autres villes : ce n'étoient pas, comme dans nos modernes institutions, toutes les provinces de l'univers qui envoyoient des législateurs à Rome : c'étoit *Rome* qui, par ses pères et ses anciens exclusivement, faisoit la loi à tout l'univers. C'étoit elle qui, par ses pères conscripts, commandoit toutes les armées et gouvernoit toutes les provinces.

III. De là cette vigueur de discipline dans les armées, cette noblesse dans la conduite, cette élévation dans les sentimens : delà ce respect du peuple et de tous les étrangers pour le sénat ; ce désir ardent de s'unir à *Rome* et de se voir aggrégé au nombre de ses citoyens : delà cet amour ardent et indestructible de la patrie. *Rome*, par le moyen de ses pères conscripts investis de la souveraineté du fondateur, étoit comme la mère de toutes les autres villes, de tous les autres peuples et de tous les autres rois, qui s'honoroient de se reposer sous son ombre et de lui appartenir. Ce titre auguste *de père* sur lequel reposoit toute la constitution romaine présentoit à tous les individus une idée si juste, si naturelle et si imposante *de l'autorité* et de tous les sentimens qui lui sont dus, que ce mot seul *de patrie* suffisoit pour rallumer dans le coeur le feu de toutes les vertus. Les pères conscripts ne regardoient pas les soldats comme leurs égaux, ils les regardoient comme leurs enfans. Les sol-dats qui combattoient sous les ordres de leurs pères conscripts étoient invincibles, ils étoient toujours prêts à verser pour la patrie jusqu'à la dernière goutte de leur sang.

IV. Ce ne fut donc pas, comme on le croit quelquefois, l'esprit indocile et répu-blicain qui éleva Rome à ce haut dégré de gloire où elle est parvenue: jamais elle ne fut plus grande que sous les césars. Ce fut au contraire cette grande autorité paternelle réservée par la constitution aux grands et aux sénateurs qui soutint si long-tems le vaisseau de l'état au milieu des agitations inséparables des formes républicaines et qui l'empêchérent cent fois de périr. ,, Cette

„ faculté précieuse, dit *Mr. de Montesquieu,*
„ *grand. Rom.,* cette. faculté précieuse
„ qu'avoit le sénat d'ôter la république des
„ mains du peuple, par la création d'un dic-
„ tateur, la vénération affectueuse du peu-
„ ple pour les familles distinguées ... Ce
„ *Romulus* leur roi et leur dieu, *ce capitole*
„ éternel comme la ville, et la ville éternelle
„ comme son fondateur, ces pensées pleines
„ d'immortalité donnérent aux romains un
„ caractère fortement prononcé de gravité,
„ de fierté, de confiance en eux mêmes et
„ en leurs dieux qui en imposa aux autres
„ peuples autant que leurs succès, et com-
„ manda à l'univers pour tout ce qui étoit
„ romain un respect que le tems n'a pu dé-
„ truire. “ ... La dictature (*dit l'auteur de*
„ *la théorie polit.*) qui, dans des tems de
„ crise, ramenoit tout à l'unité, cette dicta-
„ ture plus fréquente dans les divisions, per-
„ pétuelle sous *Sylla* et sous *César,* hérédi-
„ taire sous *Auguste,* sauva *Rome* de l'anar-
„ chie; ce fut cette partie monarchique qui
„ soutint si long-tems la république romai-
„ ne; et ce fut le premier titre des empe-
„ reurs.

Voilà une des premières, je pourrois
dire, la première cause qui porta *Rome* à
sa grandeur; la grandeur de l'autorité de
son fondateur, dont furent investis tous
ceux qui la gouvernérent, soit comme rois,

soit comme consuls, soit comme césars ....
Voici maintenant quelle fut la principale cause de sa décadence.

V. La voie des élections, loin de créer
l'autorité, la livre aux brigues, aux cabales,
et à toute l'effervescence des passions; c'est
une brêche faite à la constitution de la nature qui l'avoit attachée au titre d'auteur,
et dès qu'on touche aux arrangemens de la
nature, la constitution devient moins ferme.
La première plaie que les rois firent à la
grande autorité qu'ils avoient reçue de leurs
fondateurs, ce fut de la livrer à la mobilité
des elections. *)

VI. Quand les élections tombérent des
premières centuries aux centuries inférieures,

------

*) Si, comme le dit fort bien *Mr. de Montesquieu*,
la faculté qu'avoit le sénat d'ôter la république des
mains du peuple étoit nécessaire pour la sauver,
le pouvoir du peuple étoit fait pour la perdre, et
il la perdra par tout: parce qu'autant *l'auteur
universel* est simple, autant *l'universalité* du peuple est composée: autant *l'autorité universelle* est
essentiellement une, autant *l'universalité* du peuple
est essentiellement divisée d'opinions, de volonté
et d'intérêts. Pour réunir l'universalité, le maître
de la nature a attaché l'autorité universelle à un seul
chef. Diviser les pouvoirs, c'est perdre le peuple et
aller contre nature.

le mal ne fit qu'augmenter. Pour obtenir les
premières places du gouvernement, ceux qui
les ambitionnoient furent obligés de faire la
cour au peuple qui ne se rendoit qu'à des
conditions. Ainsi le peuple devenu pour ainsi
dire, maître de ses maîtres, se regarda bientôt comme souverain, et ses flatteurs le lui
firent croire: tout est perdu quand on en est
là. Oubliant qu'il tenoit de ses souverains le
droit de nommer, il se servit de ce droit
pour usurper par degrés tous les pouvoirs,
non pas pour lui, mais pour ses agitateurs.
Dabord il sollicita le droit d'appel, et par
là il partagea le pouvoir judiciaire: ensuite
à force d'intrigues et de séditions il obtint
des tribuns qui avoient *un veto absolu*, et
là il partagea le pouvoir législatif. Enhardi
par ses succès il obtint des tribuns militaires,
et par là il partagea le commandement des
armées. Bientôt il obtint le consulat pour
ses créatures, et par là il partagea le pouvoir
exécutif.

VII. Plus il obtenoit, plus il exigeoit,
et plus il exigeoit, plus l'ordre des patriciens
se roidissoit pour sauver du naufrage le reste
d'autorité qui lui restoit encore dans les
mains: delà les brigues, les querelles, les
divisions qui ne cessérent presque jamais dans
rome républicaine. Le sénat qui vouloit se
ressaisir de l'autorité écrasoit le peuple pour
le contenir: le peuple qui vouloit l'envahir

toute entière s'efforçoit de subjuger le sénat. Chaque parti eut son armée, chaque parti eut ses officiers et ses généraux. *Les Grâcques, les Manlius, les Césars* se mirent du côté du peuple: *les Sylla, les Pompée* soutinrent le parti du sénat. Après bien des combats et du sang répandu, *Pompée* fut vaincu, *César* entra triomphant dans Rome. ... Le peuple devint-il souverain?.. non sans doute, ce fut *César* qui se servant hâbilement du peuple pour subjuguer le peuple et le sénat tout ensemble, fixa sur sa tête tout le pouvoir des fondateurs. *Auguste*, sous le titre d'empereur, étant devenu possesseur paisible de la souveraineté, le sénat et le peuple firent entre les mains *de Tibére* la cession volontaire de leurs droits respectifs, et malgré tous les excés de la tyrannie impériale, renoncérent à la forme républicaine pour n'y plus jamais revenir.

VIII. Heureux si, en la rappellant à son unité primitive, *les Césars* eûssent pu rendre à la souveraineté toute son indépendance!... mais comme c'étoit par le moyen des armées qu'ils étoient parvenus à l'empire, tous ceux qui commandoient les armées prétendirent y monter par les mêmes moyens. En vain les premiers césars designérent ils eux mêmes leurs successeurs, les volontés suprêmes mais arbitraires ne prirent point le caractère de loix, malgré le cri de la na-

ture et la réclamation de l'expérience, l'autorité fut de nouveau livrée, non seulement
à la disposition des sujets, mais à la merci
des soldats; et ce mode terrible de proclamation qui devoit renverser l'empire ne se
trouvant ni contredit par le sénat ni réprouvé
par les Empereurs devint malheureussement
légitime. Alors chaque armée fit son empereur, chaque empereur fit ses césars, chaque officier fit sa cour aux soldats. Delà la
foiblesse des loix, le relâchement de la discipline, les intrigues, les divisions, le meur-
tre et le brigandage, les guerres civiles et la
tyrannie. Souvent l'empire, au moment d'en-
fanter, portoit dans son sein deux ou trois empereurs qui tous ayant les armes à la main,
lui déchiroient les entrailles en venant au
monde, et s'égorgoient les uns les autres
qnand ils étoient nès. „ L'empire d'occident
„ n'en pouvoit plus, dit l'éloquent *Bossuet*,
„ les bases de ce monstrueux édifice chan-
„ celoient de toutes parts. Depuis que la force
„ militaire donnoit des maîtres à l'univers, la
„ loi ne pouvoit plus garantir l'hérédité de
„ la succession"; et c'est là, selon ce grand
homme, la cause, de sa décadence. Depuis
que l'autorité dépendoit de la force armée,
elle étoit devenue plus précaire, plus flot-
tante et plus dépendante que jamais. Les chefs
des peuples barbares investis d'une autorité
plus ferme, profitant de ces divisions, tom-

bèrent de tous côtés sur ce bel empire, en emportèrent chacun leur part, et régnèrent sur les régions qu'ils avoient conquises. *)

-----

*) La puissance romaine, dit *Mr. de Montesquieu*, devoit céder à la puissance de la nature! ... tout le monde en convient. Mais cette puissance ou cette foiblesse de la nature ne consistoit, comme on voudroit le faire entendre, ni dans la matière, ni dans le climat, ni dans la différente tension des fibres du corps: les romains étoient dans le même climat, dans leur grandeur et dans leur décadence. Cette différence résidoit, comme *Mr. de Montesq.* l'a dit plus haut, dans la différente position de l'autorité. Chez les germains l'autorité étoit toute entière dans la main des chefs, chez les romains elle étoit tombée toute entière dans la main des sujets. Chez les premiers, elle étoit forte, puissante, héréditaire, naturelle, réglée par les loix; chez les derniers elle étoit devenue précaire, élective, divisée, dépendante des inférieurs; voilà pourquoi il fallut qu'elle succombât. C'est dans la force, la vigueur, l'unité de l'autorité chez les uns et la décadence de l'autorité chez les autres, et non pas dans la différence du climat quil faut aller chercher la cause de la grandeur ou de la décadence des empires. L'état des moeurs y fait aussi beaucoup sans doute, mais l'état des moeurs dépend aussi beaucoup de

IX. Voilà comment finit ce grand empire: et en faisant l'histoire de l'empire romain, j'ai fait l'histoire de tous les peuples de la terre. Qu'on voie *Athènes*, *Lacédémone* et tous les pays de la grèce. Tous, dès l'origine, parurent avec des chefs et des rois, tous périrent par les prétentions des peuples. Qu'on lise l'histoire de *Carthage*, cette fameuse émule de Rome. Par la descendance des rois *de Tyr*, ceux qui la gouvernoient étoient investis d'une autorité, dont la source infiniment au-dessus de la tête des peuples alloit se perdre dans la nuit des tems. Tant que le sénat fut maître, *Carthage* conserva sa grandeur, mais à mesure que la souveraineté tomba dans la dépendance, *Carthage* déclina et perdit de sa force. *Aristote* en parlant de cette république prédit long-tems avant sa chute, qu'elle périroit par l'accroissement des pouvoirs que la constitution donnoit insensiblement au peuple. Environ cent ans après, *Carthage* penchoit vers sa ruine: et *Polibe* attri-

---

l'autorité. Avec un gouvernement ferme, tout se soutient, avec un gouvernement vicieux, tout décline, et avec un gouvernement divisé, tout se divise. Ils est dans la nature de l'autorité d'être *une*, *supérieure et indépendante* comme *l'auteur* d'où elle dérive. Elle n'est plus dans la nature dès qu'elle n'a plus ces qualités.

bue sa décadence à l'autorité que le peuple avoit usurpée.

X. Il ne faut donc pas citer les élections faites à Rome par le peuple, ensuite par les soldats, ni celles qui avoient lieu dans toutes les republiques anciennes comme la source de l'autorité souveraine. Ce n'en étoit pas la source , puisque, comme l'observe fort bien *Mr. Bossuet*, la souveraineté existoit long-tems auparavant et qu'il y avoit des rois avant toutes les républiques. De qui donc les sénateurs romains tiroient-ils leur sou-veraineté ? . . . Des rois qui la transmirent au sénat. Le sénat ensuite, par son silence et par sa cession, la transmit aux césars : Mais les césars, le sénat et les rois la te-noient dabord du fondateur qui l'avoit reçue lui même de ses pères, et conséquemment des dieux, bien des siècles avant toutes les élections dont on parle. Donc, chez les Ro-mains, les Grecs, les Cartaginois comme chez tous les autres peuples, *l'autorité universelle* ne venoit point du tout de l'absurde univer-salité des individus, elle descendoit par tout *des pères*, *des auteurs et des fondateurs*, qui avoient précédé de long-tems l'existence même des peuples.

§. V.

Sources de l'autorité chez les Francs.

1. **A**près les élections des romains et autres peuples de l'antiquité, on cite les élections *des Francs* et autres peuplades anciennes. Toutes ces élections, quand on en citeroit des milliers, prouvent précisément tout le contraire de ce qu'on voudroit établir. Car comment se firent ces élections au rapport des historiens? elles se firent en présence des chefs, du consentement des chefs, à l'instigation même des principaux chefs, pour terminer les différens continuels qui s'élevoient entre les chefs, *ob procerum discordias.* Ce fut pour faire cesser ces différens nuisibles à la cause commune que *Marcomire* un des principaux chefs leur conseilla d'en élire un d'entr'eux auquel tous les autres s'obligeroient d'obéir.

„ *Marcomire* ayant observé, dit l'historien, que les Francs, à cause des intérêts opposés de leurs chefs, et de leurs divisions perpetuelles, ne pourroient jamais faire face aux romains, s'ils ne se réunissoient en un seul corps de nation, et s'ils ne se soumettoient à un chef unique, leur conseilla d'élire un roi à la pluralité des suffrages. Les Francs suivirent un conseil aussi salutaire, et ils élurent pour leur roi *Pharamond* fils de *Marcomire* *).

II. Voilà ce trait d'histoire que l'on cite tant? et au premier apperçu, voici tout ce qu'il prouve. . . Cette Election se fit en présence des chefs: donc avant cette élection les Francs avoient des chefs, donc ils n'étoient pas égaux en droits, donc cette élection ne fut pas la source de l'autorité chez ces peuples. Donc, les chefs consentoient à l'élection puisque c'étoit un d'entr'eux qui la proposoit: ainsi quand on auroit choisi pour roi le dernier du peuple, qu'en concluroit on? . . . si les chefs l'eussent permis, l'élu n'en eût pas moins été le vrai souverain, puisque les chefs, loin de réclamer, cédoient volontairement à l'élu tous leurs droits: *volenti non fit injuria.*

Mais pour peu qu'on lise ce trait d'histoire avec attention, on découvrira sans

---

*) Hic ergo *Marcomirus*, cum animadverteret Francos, ob procerum discordias, diversa que studia, nunquam romanis pares futuros nisi in unam coalescerent rempublicam, et ab uno omnes regerentur, autor fuit genti suæ, ut regem communibus suffragiis éligerent. Franci vero tam salutari consilio obtemperantes, regem sibi elegerunt Pharamundum filium Marcomiri. (*gesta gallorum Epitom cap. IV.*

peine que les chefs ne donnent pas aux Francs
la liberté de choisir sur tout le peuple, mais
seulement la liberté de choisir un d'entr'eux
pour mettre fin à leurs différens : *ob procerum
discordias* : ainsi il s'en faut beaucoup que ce
soit là une élection générale entre des individus égaux, comme il le faudroit pour une
convention populaire.

III. Il y a plus, c'est que *Marcomire*, qui,
par la mort récente de son frère, devenoit le
principal de tous les contendans, en faisant
la proposition de se réunir, sentoit tous les
droits qu'il avoit à la primauté et prévoioit
à merveille qu'on y auroit égard ; que son
but politique étoit très probablement de fixer
la souveraineté universelle dans sa famille
et de faire reconnoitre publiquement son fils...
Ce qu'il y a de bien certain, c'est que ce fut
Pharamond fils de *Marcomire* qui fut solemnellement élu : après quoi la souveraineté
reprit le cours de la loi silique. Elle se transmit tout simplement par héritage.

IV. Dira-t-on que les chefs des Francs
qui proposérent cette élection avoient eux-
mêmes été élus ? ... il ne suffit pas de le
dire : il faudroit le prouver, et c'est ce qu'on
ne fait pas : c'est ce qu'on ne voit point du
tout dans l'histoire. Au contraire, ce conseil
de *Marcomire* porte tous les caractères d'une
proposition nouvelle, extraordinaire et né-
cessitée par la circonstance, tout prouve

qu'elle n'a eu lieu ni avant, ni après, puisqu'aussitôt après l'élection, la souveraineté
reprend le cours héréditaire de mâle en mâle, comme c'étoit l'usage chez ces peuples:
tous ces petits chefs étoient, chacun à la
tête de leur tribu, les héritiers de l'auteur
universel de chaque branche, pas autre chose. Mais quand on pourroit citer, avant cette élection, d'autres exemples de chefs également élus, jamais chez aucune nation, le
premier propagateur ne fut élu, et jamais
il n'a pu l'être; ainsi quelque supposition
que l'on fasse, la source de l'autorité reste-
ra toujours nécessairement au-dessus de toutes les élections. — Qu'on lise *Tacite* et la
savante dissertation *de Leibnitz dans sa théodicée* sur l'origine des peuples germains,
on y verra que *Teut* père universel des peuples *Teutons*, et *Hermin* père universel des
hermions ou germains proprement dits et
premiers princes de ces peuples, n'avoient
point été élus par leurs descendans, qu'ils
existoient essentiellement avant eux: et
quand on voudroit faire descendre les Francs
d'une autre souche, on n'en seroit pas plus
avancé, puisque *l'auteur universel* de chaque
nation est essentiellement antérieur à son
existence. *)

---

*) *Théodicée de Leibnitz* No. 139. *L'abbé de Char-
moye*, origines celtiques, etc.

V. Quoiqu'il en soit, l'election propo-
sée par *Marcomire* est la seule qu'on nous
oppose, et avant cette élection, les Francs
avoient très certainement des chefs. Or, que
prétend-on conclure en faveur du peuple,
d'une election qui suppose déjà des chefs,
d'une election qui se fait du consentement
des chefs, qui se fait pour terminer les différens entre les chefs, d'une election qui
tombe effectivement sur le fils d'un des principaux chefs, d'une election qui n'est conséquemment qu'une reconnoissance autentique
du principe que nous établissons: *que toute
autorité vient d'Autor:* qu'avant quelqu'election qu'on puisse citer, les Francs, comme
tous les autres peuples possibles, ont eu nécessairement des chefs naturels, des auteurs,
des fondateurs dont l'autorité existoit essentiellement avant eux. *)

----

*) Quand par impossible l'universalité d'un peuple
   pourroit s'assembler et élire un souverain à l'unanimité, ceux qui n'ont aucune autorité ne pourroient lui donner ce qu'ils n'ont pas: les chefs
   eux seuls pourroient lui conférer la souveraineté.
   Ainsi quand bien même le peuple tout entier feroit
   l'élection, l'autorité viendroit toujours *des chefs
   eux seuls,* jamais elle ne viendroit *de l'universalité du peuple.* C'étoient les chefs eux seuls
   de ces petits peuples qui possédoient l'autorité,

§. VI.

Source de l'autorité chez les Hébreux.

1. **E**nfin pour prouver que l'autorité souveraine vient des peuples, on cite l'exemple de dieu lui-même qui remit, dit-on, à son peuple l'élection de ses premiers rois, sans avoir égard à la naissance! . . comme toutes les élections du peuple hébreu sont supérieurement traitées, *dans le cinquième avert, de Mr. Bossuet*, nous ne dirons ici que ce qui a rapport à la source des autorités.

D'abord, il est certain qu'avant même son existence, le peuple ayant eu dans la personne *de Jacob* un auteur universel, et les douze tribus ayant eu pour chefs les douze enfans de ce patriarche célèbre, chaque tribu avoit aussi bien que tous les autres peuples, ses princes et ses chefs naturels. Quand dieu envoyoit *Moïse* déclarer ses ordres à son peuple, il lui commandoit toujours de s'adresser aux princes et aux séanieurs: *congrega principes et seniores.* Ainsi

---

les chefs eux seuls qui étoient *libres ou francs*, l'universalité des peuples ne l'étoit pas, puisqu'il y avoit parmi eux, beaucoup de serfs et d'esclaves, de l'aveu de tous les auteurs.

quand ce peuple fût resté dans l'ordre ordinaire, il avoit évidemment des autorités
longtems avant toutes les élections dont on
parle.

Mais afin que ces princes ne pûssent
faire aucun acte de souveraineté, dieu qui
s'étoit réservé le soin de les conduire immédiatement, les avoit soumis au gouvernement
d'un souverain étranger du vivant *de Jacob*
lui-même, de manière que dès son origine,
le gouvernement de ce peuple fut absolument
extraordinaire dans son espèce. Avant même qu'il pût se multiplier, ce fut dieu lui-
même qui le plaça sous la domination *de
Pharaon* par l'élevation miraculeuse *de Joseph*. Quand son peuple fut multiplié, ce
fût dieu lui-même qui le redemanda *à Pharaon*, qui le fit passer à travers la mer rou-
ge, et qui déploya, aux yeux de l'Egypte,
toute la puissance de son bras, par les prodiges les plus éclatans. Ce fût lui qui voulant conserver l'unité entre les douze tribus,
leur donna un seul chef dans la personne *de
Moïse*. Quand ce peuple fut sorti d'Egypte,
ce fut dieu lui-même qui lui dicta ses loix,
non seulement dans le spirituel, mais dans
le civil; et ces loix étoient si bien faites,
tous les cas y étoient prévus avec une telle
ponctualité, que, comme le dit *Mr. Bossuet*
la législation étoit totalement épuisée avant
l'entrée même dans la terre promise. Voilà

pourquoi après *Moïse*, tous ceux qui gouvernérent le peuple de dieu n'étoient dans
le fait que *des juges*, tous les chefs extraordinaires que dieu lui suscitoit au besoin,
n'étoient dans le fait que *des juges:* les prêtres n'étoient dans le fait que *des juges:* les
rois eux - mêmes n'étoient dans le fait que
des juges. Dieu seul étoit le véritable *roi
d'Israël* puisque lui seul en étoit le législateur. Cette monarchie n'étoit point dans
l'ordre ordinaire, c'étoit *une théocratie.* *)

---

*) Si *Jacob* eût possédé la terre promise de son vivant, c'eût été lui qui l'eût partagée à ses enfans
et qui fût devenu *le législateur* d'Israël, mais
point du tout. Afin qu'il ne fit aucun acte de
souveraineté, après l'avoir appellé d'abord à une
vie errante, dieu le mit, avant sa mort, sous
la domination *de Pharaon* lui et les douze chefs
des tribus, et ne tira son peuple delà que lorsqu'il fut formé. Dieu se réserva donc spécialement
la souveraineté d'Israël, et c'est le seul peuple
dont il se la soit réservée. Partout où il ne se
la réserve pas, c'est le père universel qui est souverain; ici c'est dieu. Partout ailleurs l'autorité
universelle vient de *l'auteur universel* du peuple; ici elle vient *de l'auteur universel* de la
nature; mais par tout elle vient *de l'auteur uni-*

II. Pour gouverner *Israël* dieu n'avoit donc pas besoin des princes ordinaires de chaque tribu, *son autorité* est infiniment au-dessus de tous les princes et de tous les souverains de la terre. Quand il étoit mécontent de son peuple, c'étoit lui qui le punissoit, et qui le punissoit en dieu: quand les princes eux-mêmes lui avoient manqué, il faisoit marcher contr'eux les rois étrangers: et quand les rois étrangers marchoient contre ses ordres, il suscitoit à son peuple des hommes extraordinaires qui avec cent hommes en faisoient fuir dix mille, ou bien il envoyoit pendant la nuit des anges qui exterminoient des armées entières. Pour faire respecter son autorité, le maître de l'univers n'avoit pas besoin de donner à son peuple des chefs qui eûssent l'éclat et la magnificence des rois, et s'il se détermina à leur en accorder, ce ne fut qu'à regrêt et par pure condescendance.

III. Il est vrai qu'investis d'une pareille autorité ceux de ces rois qui respectérent la loi de Dieu, ne tardérent pas à parvenir au plus haut dégré de gloire; mais comme tous les successeurs *de David* ne se servoient de leur puissance que pour faire prévariquer

------

versel, jamais elle ne viendra de l'universalité des sujets.

leurs sujets : après la captivité de Babylonne dieu abolit la royauté et n'en voulut plus : il gouverna tout simplement par les princes des prêtres qui se trouvoient chargés plus spécialement du dépôt de ses loix.

Ce qu'il y a de bien certain, c'est que, par tout et dans tous les tems, depuis son origine jusqu'à sa dispersion, et on pourroit dire dans sa dispersion même, le peuple juif fut un peuple extraordinaire. Dans la forme théocratique de son gouvernement, la loi ne prenoit point sa source dans *Jacob*, mais dans dieu lui-même ; l'autorité n'étoit point celle *de Jacob*, c'étoit celle de dieu lui-même, la souveraineté ne venoit point *de Jacob*, elle ne descendoit point comme chez les autres nations *de l'auteur universel* du peuple, elle descendoit directement et immédiatement *de l'auteur universel* de la nature, qui s'étoit réservé la souveraineté à lui seul.

IV. Ainsi, quand il seroit vrai que dieu eût permis à son peuple de choisir le premier de ses rois, qu'en voudroit on conclure ? . . que la source de l'autorité est dans le peuple ? . . . C'est précisément tout le contraire. Car si le peuple de dieu n'avoit pas le droit de se donner un roi par lui-même : s'il falloit qu'avant de s'en donner un, il en obtint la permission de son législateur, il en faut conclure que, dans ce gouvernement comme dans tous les autres, loin de conférer l'autorité,

le peuple n'avoit pas même le droit d'élire,
il n'avoit pas même le droit de présenter ;
s'il le fait, ce ne peut être que d'après la con-
cession antérieure et la permission expresse
de son souverain. Or, il est certain que le
peuple de dieu n'osa se donner un roi par
lui-même : il est certain que lorsqu'il désira
d'en avoir un, ce fut à Samuel qui étoit alors
le juge suprême et conséquemment le repré-
sentant du souverain, qu'il s'adressa. Il est
certain que ce fut *Samuel* qui, d'après les ordres de dieu, convoqua le peuple à *Maspha*,
que ce fut lui qui jetta le sort par familles
et ensuite par individus ; ainsi ce trait d'histoire qu'on met en avant, quand il seroit bien
présenté, prouveroit précisément tout le contraire de ce qu'on voudroit prouver ; car il
prouveroit clairement que le peuple, sans une
permission expresse du souverain, n'a pas
même le droit de s'assembler ni de désigner
celui quil désire.

V. Mais il y a plus : c'est que ce trait
d'histoire d'où l'on voudroit déduire pour le
peuple le droit d'élire et de se donner des
rois indépendamment de la permission ds ses
souverains, ne prouve pas même que dieu
ait jamais accordé à son peuple la permission d'élire. La raison en est simple : c'est
que le sort qui fut jetté *à Maspha* n'étoit point
du tout une élection : le sort parmi ce peuple,
comme l'observe fort bien *Mr. Bossuet*, n'étoit

point autre chose que la manière ordinaire et usitée de connoitre la volonté de l'être suprême. Quand le sort fut jetté *à Mospha*, il y avoit déjà long-tems que dieu avoit choisi *Saul* et qu'il l'avoit fait sacrer par *Samuel*. Aussi quand ce choix fut constaté par le sort, *Samuel* ne dit pas au peuple: certes, vous voïez celui que vous avez choisi, mais il leur dit expressément: certes, vous voyez celui que dieu a choisi: *certe videtis quem elegit dominus*. Dans tout cela, dieu annouce ses volontés à son peuple, il ne le consulte pas.

Aussi, quand dieu mécontent de *Saul* substitua *David* en sa place, il ne le fit pas même reconnoitre publiquement par la voïe du sort. Après l'avoir fait sacrer par son prophête, il le conduisit sur le trône par une voïe qui ne dépendoit que de lui seul: après quoi *David* choisit lui même son successeur, et le constitua indépendamment du peuple.

VI. D'où s'ensuit encore ce raisonnement bien simple: parmi les Hébreux, jamais le peuple ne se crut en droit, non seulement de conférer la souveraineté, mais de choisir ses souverains. Toutes les fois qu'il fut question, soit de leur donner des chefs, soit de les changer, ce fut dieu seul, indépendamment du peuple, qui constitua sur eux *Moïse*, *les juges*, *les rois*, et tous ceux qui gouvernérent soit dans le spirituel, soit dans

le civil. Donc, l'histoire des Hébreux prouve encore plus évidemment que toutes les
autres, que toute *autorité* vient *d'Autor*, que
l'autorité universelle et souveraine ne sauroit
venir dans aucun cas que *de l'auteur souve-*
rain et universel, puisque par tout où les
chefs naturels ne constituent pas, c'est dieu
lui même qui constitue.

§. VII.

Source de l'autorité des Machabées.

I. **Q**uel trait d'histoire reste-t-il donc à citer? à quelles élections aura-t-on recours?
sera-ce à celles des Machabées? .. Je sais
qu'on les a citées comme un argument invincible. Sur quel fondement? .. Je ne le vois
pas.

    La source des autorités étant le seul ob-
jet que nous nous proposons ici d'examiner,
toute la question se réduit à savoir si antérieurement aux Machabées il y avoit une
autorité dans *Israël?* s'il y en avoit une, il
est évident qu'elle ne fut pas créée par le
peuple dans ces élections. Or, nous venons
de dire plus haut que long-tems avant les
Machabées, les Hébreux avoient eu *des chefs,*
des juges et des rois. Tout le monde sait

qu'ils avoient un gouvernement politique
plus de treize cens ans *avant les Machabées.*
Tout le monde sait que, sous la domination
même des rois étrangers, ils n'avoient jamais
cessé d'avoir leurs prêtres, leurs juges et
d'être dirigés souverainement par le tout-
puissant. Tout le monde sait qu'outre les
chefs extraordinaires dont nous avons parlé
que dieu leur suscitoit pour un temps, ils
avoient un conseil ordinaire qui les gouvernoit sous les ordres de dieu dans tous les
temps et dans toutes les circonstances. Ce
conseil ordinaire dont *le grand-prêtre* étoit le
chef suprème, composé des princes des prêtres et des sénieurs, investi *d'une autorité
héréditaire* et toujours subsistante, chargé du
dépôt et de la défense des lois, suppléoit à
toutes les fonctions souveraines dans tous
les cas. Ce fut lui, qui après les rois, fixé
à Jérusalem et conséquemment à la tête de
la tribu *de Juda*, gouverna en toute souveraineté jusqu'au règne *d'Hérode*, et de-là vit
insensiblement ses pouvoirs décliner jusqu'à
la ruine totale *de Jérusalem*. D'après cela,
que l'on conclue: Dès son origine, cette
nation avoit *des auteurs*. Dès le temps *d'Aaron et de Moïse*, le peuple hébreu avoit
ses princes, ses chefs héréditaires et perpé-
tuels constitués en autorité *par dieu même.*
Donc l'autorité ne fut pas créée dans les élections *des Machabées.*

II. La seconde question est de savoir si *les Machabées* n'étoient point du nombre des princes et des chefs du peuple hébreux? car s'ils étoient déjà constitués *en autorité* en vertu de leur naissance, ils ne recevoient pas leurs pouvoirs du peuple. Or cette question avoit été clairement décidée par les envoyés eux-mêmes *d'Antiochus*, qui, dans le moment qu'ils voulurent faire sacrifier aux idoles, dirent *à Matathias* père *des Machabées: Princeps et clarissimus et magnus es in istâ civitate et ornatus filiis et fratribus: ergo accede prior.* *) D'où il est aisé de faire ce raisonnement: de l'aveu même des ennemis des juifs, non seulement les juifs avoient des princes et des chefs, mais *le père des Machabées* étoit un des premiers et des plus illustres de ces princes. Donc, les Machabées ne tiroient pas *leur autorité* du peuple. Comme princes de la tribu *de Levi*, ils la tenoient, en vertu de leur naissance, des premiers chefs qui avoient été constitués par dieu même. **)

-----

*) Machab. cap. 2.

**) Je n'examine point ici ce que les Machabées étoient rélativement *à Antiochus*, s'ils furent rebelles ou non? cette question est étrangère à mon sujet; j'examine ce qu'ils étoient rélativement au peuple juif. *L'autorité* dont ils étoient investis comme

III. Aussi quand il fut question de prendre en main la défense de la loi, *Matathias* n'attend pas l'élection du peuple. En vertu de *l'autorité* qu'il tient de ses pères, il massacre celui qui attaque la loi du tout-puissant, renverse l'autel et ordonne avec empire à tous ceux qui sont attachés à la loi de le suivre. *C'est au nom de dieu* qu'il agit, ce n'est pas au nom du peuple.

Aussi quand il est question de prendre les armes, *Mathathias* n'attend pas l'élection du peuple. En vertu *de l'autorité* qu'il tient de sa naissance, secouru de sa famille et de ses amis, il lève une armée, se met à sa tête et se conduit, sans aucune réclamation de la part des autres princes qui se joignent à lui, comme *le chef du peuple de dieu* et des défenseurs de ses lois, tenant sa mission et son autorité de dieu lui même. *)

---

princes de leur nation venoit-elle originairement *de dieu ou du peuple?* dans cette occasion même reçurent-ils leur mission du peuple: agissoient-ils au nom du peuple? n'est-ce pas dieu lui-même, comme le dit *Mr. Bossuet*, qui les suscita extraordinairement et qui prouva manifestement leur mission par les prodiges les plus éclatans? . .

*) Machab. Lib. 1. cap. 2. Je sais très-bien que sans une inspiration particulière de dieu, *Matathias*

Aussi quand *Mathathias* est prêt à mourir, pour se donner des successeurs, il ne convoque pas l'assemblée du peuple; entouré de ses enfans et de ses seuls amis, en vertu *de l'autorité* qu'il tient de sa naissance, il leur donne *Simon* pour conseil et pour père; il charge *Judas* son autre fils de la conduite de la guerre, et c'est d'après sa nomination que *Judas* se met à la tête des armées.

IV. Aussi après la mort *de Judas*, ce ne fut point du tout le peuple, comme on a voulu le faire croire; ce sont les frères et les amis *de Judas*, par conséquent *les princes du peuple*, qui se rassemblent autour *de Jonathas* et qui lui adressent ces paroles mémorables. *) „ Depuis que nous avons perdu „ votre frère *Judas*, nous n'avons personne „ de semblable à lui pour marcher contre „ nos ennemis . . . . Nous vous choisissons „ aujourd'hui à sa place pour prince et pour „ chef. etc. “ *Et congregati sunt omnes amici Judae et dixerunt Jonathae: ex quo frater tuus Judas defunctus est vir similis ei non*

____

eût abusé de l'autorité qu'il avoit reçue de ses pères en se soulevant contre *Antiochus*, mais cet abus même d'autorité suppose une autorité préexistante.

*) Ibid. cap. 9.

*est qui exeat contra inimicos nostros . . Nunc
itaque te hodie elegimus esse pro eo nobis in
principem et ducem etc.* Ici se manifeste une
différence bien frappante: un père a *autorité
universelle* sur tous ses enfans. Voilà pourquoi *Mathathias* entouré de ses amis, se constitue en maître. Un frère n'a aucune autorité sur ses frères: voilà pourquoi ce sont
ses frères et ses amis qui le constituent; d'où
s'ensuit ce raisonnement bien simple: pour
avoir une autorité universelle, *Jonathas* avoit
besoin du consentement des princes et de
ses frères, sans cela il n'eût eu qu'une autorité partielle. Mais le consentement des princes et des amis *de Jonathas* n'est pas le consentement du peuple. Il a été constitué *par
ses amis* et non pas par le peuple.

V. Aussi quand, après la mort de ses
frères, *Simon* convoqua le peuple et tous les
princes, il ne les assembla pas pour leur proposer de choisir sur tout le peuple, ni même
parmi les princes. Voilà ce qu'il leur dit :
*vos scitis quanta ego et fratres mei et domus
patris mei fecimus pro legibus et pro sanctis
praelia. . . Horum gratiá perierunt fratres mei
omnes propter Israel et relictus sum ego solus.
Et nunc non mihi contingat parcere animae
meae in omni tempore tribulationis. Non enim
melior sum fratribus meis . . Et accensus est
spiritus populi simul. . . Et responderunt voce
magná dicentes: tu es dux noster loco Judae*

et Jonathae fratris tui. . . Et factus est sum-
mus sacerdos: Judaei et sacerdotes consense-
runt eum esse ducem et sacerdotem summum
in aeternum donec veniat Propheta fidelis *)*
„ Vous savez combien moi ; mes frères et
„ toute la maison de mon père ayons soutenu
„ de combats pour la défense de nos lois et
„ de notre religion sainte. . Tous mes frères
„ sont morts en combattant pour Israël et je
„ suis le seul qui reste de tous. Si je craignois
„ de subir leur sort, je ne viendrois pas vous
„ offrir de m'exposer aux mêmes dangers.
„ Mais à dieu ne plaise que je sois assez
„ lâche pour vous abandonner jamais dans
„ vos périls: je ne suis pas plus précieux
„ que mes frères. Alors tout le peuple en-
„ semble transporté d'admiration à la vue
„ d'une pareille générosité lui cria d'une voix
„ unanime: vous êtes notre chef à la place
„ de vos frères . ! et vous le serez à perpé-
„ tuité vous et vos déscendans jusqu'à ce que
„ dieu nous envoye le prophète fidel que
„ nous attendons". Dans cette assemblée du
„ peuple, *Simon* se propose lui seul, et c'est
lui qu'on proclame d'un commun accord. Ce
n'est pas là proposer une élection universelle
sur tout le peuple.

VI. Aussi, quand il fut question de désigner ses successeurs, *Simon,* qui n'avoit

---

*) Machab. Lib. I. Cap. 13.

plus de frères) ne convoque pas l'assemblée du peuple. Il constitue ses deux enfans *Jean et Jonathas* à la tête du gouvernement et des armées, avec la même autorité que l'avoit fait son père *Mathathias.*

Aussi quand *Authenohius* vint de la part d'*Antiochus* redemander à *Simon, Joppé et Gazara etc.* comme domaine de ses maîtres, *Simon* répond en souverain: *neque alienam terram sumpsimus, neque aliena detinemus, sed haereditatem patrum nostrorum quae injuste ab inimicis nostris aliquo tempore possessa est. Nos verò tempus habentes vindicamus haereditatem patrum nostrorum* *). „Nous „n'avons point envahi la terre d'autrui, et „nous ne retenions point ce qui ne nous appartient pas. Ces villes sont le bien de nos „pères qui a été pendant quelque temps possédé injustement par nos ennemis. Main„tenant que nous le pouvons, nous rentrons „en possession de l'héritage de nos ancê„tres." Le conseil des princes, qui gouvernoit les juifs sous les ordres de Dieu, étoit, comme nous l'avons dit, *un veritable souverain,* et *les Machabées,* par droit de naissance, indépendant de toute élection, étoient des premiers de ces princes, conséquemment les principaux organes du souverain.

---

*) Ibid. Cap. 15.

VII. Mais enfin le peuple disoit: *notre chef*, notre guerre, nos combats, *praeliari praelia nostra*. Il avoit raison. C'étoit la guerre du peuple comme peuple, mais aussi c'étoit la guerre des princes comme princes ; c'étoit la guerre du chef comme chef. Tout le monde y avoit intérêt, mais tout le monde n'étoit pas *prince*, tout le monde n'étoit pas *constitué en autorité*. Il n'y avoit que le conseil des princes qui le fût, et ce conseil héréditaire tenoit ses pouvoirs *de dieu lui-même* qui dans tous les temps fut le legislateur de son peuple.

VIII. Or, que veut-on conclure d'une élection qui se fait en présence *des princes* du peuple, du consentement *des princes* du peuple, ou plutôt *par les princes* du peuple euxseuls? telle est cependant l'élection *de Jonathas* dont on parle tant: que veut-on conclure de l'acclamation universelle d'un peuple, qui ravi de la bravoure *de Simon* se proposant lui-même à la place de ses frères, lui dit avec transport: *tu es dux noster.* Est-ce là une élection? et quand c'en seroit une, *les princes des prêtres* ne sont-ils pas là? que pourroit-on conclure d'une élection faite treize cents ans après *Moïse et Aaron* en présence de leurs successeurs? seroit-ce là *une création d'autorité.*

IX. Lorsqu'autrefois, dans la discipline ancienne de l'église, le clergé consultoit le peuple sur le choix d'un évêque, *qui est-ce qui conféroit l'autorité?* étoit-ce le peuple? étoit-ce lui qui l'avoit ou la créoit?..en tout, il faut bien distinguer entre un peuple qui agit contre l'agrément *de ses chefs*, et un peuple qui agit de concert *avec ses chefs.* Un peuple qui agit contre l'agrément *de ses chefs*, ne fait pas même de nomination ; son élection, par le vice d'autorisation, est essentielle- ment et radicalement nulle. Un peuple qui agit de concert *avec ses chefs* fait de très- bonnes élections sans doute, mais il ne con- fére pas *l'autorité.* Ce sont les chefs eux seuls qui la conférent par leur ratification et leurs suffrages.

X. Outre ses princes naturels que cha- que tribu avoit dèjà en Egypte , il est évident que le peuple Hébreux avoit *des chefs hérédi- taires* constitués extraordinairement par dieu lui-même dès le temps *de Moïse et d'Aaron;* et *les Machabées* étoient du nombre *de ces chefs.* Donc l'histoire *des Machabées* prouve, comme toutes les autres, que jamais les peu- ples n'ont créé leurs premiers souverains, que par-tout *la source des autorités* est placée dans le titre *d'auteur universel,* au-dessus de la tête de tous les peuples. *).

––––––––––––––––––––

*) Les princes de chaque tribu ne gouvernoient pas en Egypte, puisqu'ils avoient *Pharaon* pour sou-

XI. Quelqu' importans que soient ces détails, je ne me suis point proposé de faire une histoire universelle... Pour en finir .. quand on assembleroit devant nous tous lespeuples de l'univers, nous n'avons qu'une question

verain : ils ne gouvernoient pas non plus dans la suite, puisque dieu leur donna *Moïse, Aaron* et leurs successeurs *pour chefs* ; mais ils n'en étoient pas moins princes et chefs naturels de leur tribu. Si dieu ne les eût pas voulu gouverner lui-même par des chefs extraordinaires, ils eussent eu le droit de gouverner souverai ment leur famille après leur sortie d'Egypte. Généralement parlant, le chef principal d'une branche ou d'une tribu ne peut pas gouverner souverainement tant qu'il est avec son père ou avec un souverain supérieur à lui ; mais aussitôt qu'il est séparé totalement de son père ou de son souverain, il devient *le souverain* de sa branche. Les chefs principaux de chaque branche du genre humain tels que *Nemrod, Canaan etc.* ne gouvernèrent pas leurs descendans, tant qu'ils furent *avec Noé* ; ils ne devinrent *souverains* chacun de leur branche, que lorsqu'ils furent séparés et indépendans. Cette observation est bien claire, mais elle est importante pour bien concevoir où à commencé *la souveraineté* des enfans.

à faire: *Les chefs de ces peuples sont-ils là;
n'y sont-ils pas?* s'ils n'y sont pas, l'élection
est nulle. S'ils y sont, ce n'est pas le peuple
qui confère *l'autorité*, ce sont les chefs. Or
dans tous les traits d'histoire que l'on a cités, les chefs sont là, ils étoient antérieurs
à l'assemblée.

XII. Que prouvent donc tous ces traits
d'histoire et tous ceux que l'on citeroit jusqu'à la fin du monde? précisément tout le
contraire de ce qu'on veut prouver. Loin
de prouver que, dans l'origine, ce sont les
peuples qui ont créé leurs premiers chefs,
ils prouvent au contraire manifestement qu'a-
vant toutes les élections et les proclamations que l'on voudroit citer, il y avoit partout des chefs prééxistans qui convoquoient
le peuple et qui présidoient à ces assemblées. Il y en avoit *chez les Romains*, il y
en avoit *chez les Grecs*, il y en avoit chez
les Francs, il y en avoit *chez les Hébreux*.
Il y en avoit chez tous les peuples, et il étoit
physiquement impossible qu'il n'y en eût
pas, avant toutes les élections et les proclamations possibles. Ceux qui gouvernoient
extraordinairement, tels que *Moïse*, *Aaron*
et leurs successeurs ne tiroient certainement
pas leurs pouvoirs du peuple; ils les tenoient
de *l'auteur universel de la nature*. Ceux qui
gouvernoient leurs descendans en vertu de
leur titre *d'auteur universel*, tels que *Nem-*

rod, *Canaan* et tous les premiers fondateurs des cités, pouvoient encore bien moins les tirer de leurs descendans, quand ils n'existoient pas encore: ils les tenoient essentiellement de leur titre *d'auteur universel*. Donc il est impossible de citer un seul trait d'histoire qui fasse créer les premiers souverains par les peuples: donc toutes les histoires, tous les monumens d'accord avec la nature et la raison nous crient hautement: que *l'autorité souveraine* dérive essentiellement *de l'auteur universel* et non pas *de l'universalité des individus:* donc toutes les histoires, tous les monumens d'accord avec la nature et la raison nous crient hautement que notre définition est exacte, que *l'autorité souveraine* prend sa source dans le titre *d'auteur*, comme toutes les autres *autorités.*

---

§. VIII.

Objections.

Que diront à cela les partisans des conventions? que diront-ils? diront-ils qu'avant les conventions, les peuples n'avoient pas encore *de pères*, conséquemment personne qui eut autorité sur eux? je ne le crois pas..

I. Que disent-ils donc? ils vous disent qu'un père a bien autorité sur ses enfans, tant qu'ils sont petits; qu'il n'en a plus, quand ils sont émancipés. *Habuit potestatem patriam in filios quamdiu emancipati non fuerunt.* *)

---

*) V. *Suarez de legibus lib. 3. cap. 3. Puffendorf de patria potestate etc.* Tous ces auteurs ne parlent jamais que des pères subalternes; mais ces pères subalternes avoient essentiellement *un père souverain* dont parlent toutes les histoires; et quand les enfans étoient mariés, séparés d'habitation, émancipés relativement au gouvernement domestique, ils ne l'étoient pas pour cela relativement *à la souveraineté.* Jamais dans aucun temps, dans aucune histoire et dans aucun pays, l'émancipation n'a eu lieu relativement *à l'autorité souveraine,* à moins qu'on ne quitte tout-à-fait le pays et qu'on ne devienne *souverain soi-même.* Au reste cette erreur sur la source de l'autorité souveraine, n'empêche pas que *Puffendorf* ne soit un grand publiciste et que le traité de *Suarez* sur les loix ne soit un chef-d'oeuvre. Tous les savans qui ont erré sur des points encore mal éclaircis n'en sont pas moins, dans tout le reste, les lumières du monde, comme le soleil malgré ces taches n'en éclaire pas moins l'univers. *Errare humanum est.*

Rep. Un père n'a autorité sur ses enfans que jusqu'à ce qu'ils soient émancipés!
quamdiu emancipati non fuerunt. Quoi! quand
mes enfans sont émancipés, je cesse d'être
leur père, et ils cessent d'être mes enfans! .
Où a-t-on puisé un pareil paradoxe? on convient bien (et c'est là précisément ce qui
trompe tous ces auteurs) qu'un père subalterne n'exerce *son autorité*. sur ses enfans
que jusqu'à ce qu'ils soient émancipés ; quand
ils sont émancipés, ils n'ont plus besoin de
recevoir de lui des lois , parce que ce père
subalterne aussi bien que tous ses enfans re-
lève d'un chef universel qui le protège lui-
même. Le gouvernement d'un père subalterne doit cesser à l'endroit où il devient inu-
tile, et dès qu'il y a, dès l'origine, *un chef
universel* qui veille sur toutes les maisons,
il n'en faut pas cinquante! . . .

Nous accordons très volontiers aux adversaires qu'un père subalterne, tant qu'il
reste subalterne, cesse d'exercer *son autorité*
sur ses enfans, quand ils sont émancipés. .
Mais parce qu'il cesse d'éxercer *son autorité,*
s'ensuit-il qu'il n'en ait plus; et parce qu'il
est subalterne, tant qu'il reste avec son père,
s'ensuit-il qu'il soit encore subalterne quand
il est totalement séparé de son père? c'est un
tas de sophismes et d'illusions. . *Puffendorf,
Suarez* et tous les auteurs estimables qui ont
embrassé le parti des conventions, ne par-

lent jamais que *de pères subalternes*. Mais dans chaque branche et chaque division du genre humain, les pères subalternes avoient essentiellement *un père souverain*. C'est celui-là dont il est question: pourquoi n'en parle-t-on pas? On ne parle jamais des pères subalternes que tant qu'ils sont subalternes! mais, dans l'origine, ces pères subalternes, quand ils avoient une nombreuse postérité, se séparoient totalement de leurs pères et alors ils devenoient *souverains*. Dès la première origine, nous voyons les petits enfans d'*Adam*, *Enos*, *Enoch*, *Tubalcaïn* et autres à la tête de leurs cités: il en fut de même des petits enfans *de Noé* après le déluge. Quand tous ces pères subalternes sont devenus *souverains*, pourquoi n'en parle-t-on plus? *)

---

*) Quoique je sois *le chef universel* de ma branche, tant que je reste sous la domination de mon père, je n'exerce plus *mon autorité* sur elle après l'émancipation, parce que mon père étant *le chef universel de toutes les branches*, mon autorité se trouve liée et primée par la sienne. Mais quoique je cesse d'exercer *mon autorité*, je ne l'ai pas moins: et du moment que mon père m'envoye hors ses domaines, je reprends l'exercice de mon autorité et je suis de droit *le souverain* de mes descendans, ou de la colonie que mon père m'a

Dire qu'un père subalterne ne gouverne ses enfans *que jusqu'à ce qu'ils soient émancipés*, c'est donc changer totalement l'état de la question. Il n'est point ici question d'un père subalterne; il s'agit *d'un père souverain*. C'est ce père souverain qui, dès l'origine, gouvernoit comme les souverains de nos jours, des hommes émancipés. Quand *Noé* partagea la terre à ses enfans, nous soutenons qu'il avoit des enfans émancipés. Lorsque *Cham* se mit à la tête de ses descendans pour aller en Afrique, nous soutenons qu'il avoit des enfans émancipés. Quand *Nemrod* commença de régner à Babylone, nous soutenons qu'il avoit des enfans émancipés, nous soutenons qu'*Enos*, *Hénoch*, *Jacob* et tous les chefs primitifs avoient sous eux des enfans émancipés. Quand tous les chefs des colonies et tous les fondateurs des peuples

---

confie. *La souveraineté* des enfans ne commence pas à l'émancipation. Elle commence où commence *l'indépendance* et finit *avec l'indépendance*. *Jacob* fut le souverain de sa famille quand il eut quitté *Laban*. Il cessa d'être souverain quand il entra sous la domination *de Pharaon*. Erec ne fut pas souverain tant qu'il fut *avec Priam*. Il fut souverain quand il fut sur ses vaisseaux. Voilà ce qu'il faut bien concevoir.

bâtissoient des cités, nous soutenons qu'ils avoient sous eux une foule prodigieuse d'enfans mariés et émancipés et nous défions de soutenir sérieusement le contraire.

II. Dans l'impossibilité de nier l'évidence, faute de raisons, on se jette dans des abstractions. On convient enfin que les chefs primitifs gouvernoient leurs enfans même mariés: ou accorde qu'ils avoient sur eux puissance économique, mais non pas puissance politique: *potentiam oeconomicam, non politicam.* *)

---

*) Comme les enfans même mariés dépendoient absolument du père et qu'ils ne formoient encore avec lui qu'une seule grande maison, comme nous le verrons ailleurs, dans ces premiers temps, l'histoire nous fait voir clairement que le père avoit *puissance économique.* Les enfans *de Jacob,* quand ils descendent en Egypte pour acheter du bled, reçoivent de l'argent de leur père et lui en rendent compte à leur retour. Donc ils ne quittoient pas le père étant petits; donc les dispersions primitives sont des contes. Donc l'état primitif n'étoit pas un état d'indépendance. En attendant que nous prouvions l'impossibilité des dispersions, ces aveux des partisans des conventions ne sont point indifférens, mais cette puissance économique empêchoit-elle la puissance politique? il s'en faut beaucoup,

Rép. Des chefs primitifs avoient puissance économique sur leurs enfans même mariés! *potentiam aeconomicam!* cela est incontestable: l'histoire entière en fait foi. Mais cette vérité elle seule n'est pas sans conséquence contre les partisans des conventions. *Car si les chefs primitifs avoient puissance économique sur leurs enfans même mariés*, il s'ensuit que leurs enfans ne les quittoient pas étant petits; qu'ils ne les quittoient pas étant grands; qu'ils ne les quittoient pas même après leur mariage; donc, de votre propre aveu, toutes vos dispersions et votre indépendance primitives sont des contes.

Nous sommes loin de disconvenir que *les chefs primitifs eûssent puissance économique sur leurs enfans même mariés:* c'est un fait trop autentique; mais outre que ce fait anéantit les dispersions; n'étoit-ce donc rien que cette puissance économique? quoi? en vertu de cette puissance économique, tout marié que je suis, je reste au service de mon

------

Ce sont autant de sophismes évidemment réfutés par l'histoire. (*V. Suarez. Lib.* 3. *Chap* 3.) dans l'encyclopédie elle même les adversaires conviennent que les pères primitifs n'avoient pas seulement puissance économique, mais encore puissance politique. (*V. at.* uv. paternel.

G

père, asservi rigoureusement aux ordres de mon père, je garde les bestiaux de mon père, je rends compte de tout à mon père, je ne saurois disposer d'un denier sans mon père, acheter un boisseau de bled sans mon père, femmes, enfans, petits-enfans, serviteurs, le père étoit le maître de tout, et ces pères primitifs n'avoient pas d'autorité! quels sont donc les souverains actuels sous lesquels ou soit dans une pareille dépendance?

Les chefs primitifs avoient puissance économique sur leurs enfans même mariés : potentiam oeconomicam. *Donc, ils n'avoient pas puissance politique*, non autem politicam.

Très - mauvaise conséquence : c'est comme si je disois que je ne peux pas avoir de tête parce que j'ai des bras, et que je ne peux pas avoir de manteau parce que j'ai un habit. L'un n'empêche pas l'autre. Je sais très-bien que ceux qui ont *puissance économique* sur leur maison n'ont pas toujours *puissance politique* sur toutes les maisons. Tous les pères subalternes d'un royaume sont dans ce cas. Mais il n'est point du tout incompatible que celui qui a puissance politique sur toutes les maisons ait encore puissance économique sur la sienne. Tous les souverains actuels sont encore dans ce cas ; et c'étoit-là nécessairement l'état des chefs primitifs. Comme ils n'avoient encore autour d'eux que cinq ou six enfans mariés et

que ces enfans, jusqu'à ce qu'on fût en état
de les établir totalement, ne faisoient encore
avec eux qu'une seule maison, ils avoient
nécessairement sur tous ces enfans même mariés *puissance économique et puissance politique* tout ensemble. Certes, *Abraham*, quand
il se mettoit à la tête de sa maison pour faire la guerre, avoit bien puissance politique
sur sa maison. Certes, *Juda*, quand il con-
damnoit *Thamar* à la mort, avoit bien puissance politique sur *Thamar*. Outre cette
puissance politique, de l'aveu des adversaires, les chefs primitifs avoient puissance
économique sur leurs enfans même mariés.
Donc, dans ces premiers temps, l'autorité
étoit dans toute sa force. En vertu de son
titre *d'auteur universel*, le fondateur de chaque peuple exerçoit sur ses descendans les
plus grands pouvoirs; il avoit nécessairement *puissance politique* et *puissance économique* tout ensemble (V. *Bossuet*, *Fénelon
et tous les auteurs que nous avons cités*.)

III. Mais on ne voit pas, dit-on, qu'il
soit de droit naturel et indispensable que le
chef universel qui a produit des hommes,
en soit aussi le roi. *Ex vi solius naturae,
non est debitum progenitori ut sit etiam rex
suae posteritatis.* *)

---

*) *Suarez lib. 3. cap. 8.*

Rép. Quelle équivoque! Eh qu'importe, dit *Grotius*, la signification arbitraire d'un nom pourvu que la chose s'y trouve! chez les Lacédémoniens, observe ce savant auteur, après les Ephores, les chefs du peuple ne pouvoient plus rien et on les appelloit *des rois*. Chez les Romains, les empereurs pouvoient tout, et ils ne prenoient point le titre *de rois*. Les chefs des Normands ne portoient pas le titre des rois, en étoient-ils moins souverains? beaucoup de souverains soit en Allemagne, soit ailleurs, ne portent pas encore le titre des rois, en sont-ils moins souverains? parmi les chefs primitifs du genre humain, il y en avoit qui avoient de bonnes raisons pour ne pas prendre le titre des rois, comme nous le verrons bientôt. Tous les titres, toutes les dénominations, toutes les décorations extérieures de là royauté ne sont pas essentiellement attachées au titre *d'auteur universel:* cela est clair: mais *l'autorité universelle* y est-elle essentiellement attachée? en vertu de leur titre d'auteur universel, les chefs primitifs du genre humain avoient-ils le droit de gouverner souverainement leurs descendans et les gouvernoient-ils en effet? voilà ce qu'on ne sauroit nier sans contredire l'histoire, la raison et la nature toute entière. *)

----

*) Qu'on nous dise, (comme l'observe *M. Fleuri,*

IV. On ajoute que dieu a dit : „ Fai-
„ sons l'homme pour qu'il domine sur les
„ poissons de la mer, les oiseaux du ciel et
„ les animaux qui sont sur la terre : qu'il
„ n'a point dit : faisons l'homme pour qu'il
„ domine sur les autres hommes : *Faciamus*
„ *hominem ut praesit piscibus maris, volati-*
„ *libus coeli, et bestiis terrae, non dixisse.*

---

moeurs des Israëlites) de qui dépendoient les patriarches, de qui dépendoient les premiers fondateurs des peuples ? De qui dépendoit *Adam* ? de
qui dépendoit *Noé,* de qui dépendoit *Abraham ;*
de qui dépendoit le premier occupant d'un pays
quelconque ? de qui dépendoient-ils ? que l'on ré-
ponde . . S'ils étoient *indépendans,* le titre n'y
fait rien ; ils étoient *souverains.* — mais, dirá t on,
ils n'avoient encore qu'une grande maison. Eh bien,
ne faut-il pas commencer par une maison, avant
d'en avoir cinquante ? le fondateur de chaque
peuple étoit d'abord un petit souverain, ensuite
il devint grand souverain. Le nombre des sujets n'y fait rien. Il faut en avoir sans doute,
Robinson dans son isle n'étoit pas souverain , puis,
qu'il étoit seul ; mais dès qu'on a des sujets et
qu'on n'a pas de souverain , on est essentiellement
souverain et l'autorité qu'on a sur ses descendans
est essentiellement *une autorité souveraine.* Certes *ce père commun* dont parlent *Bossuet,* Fé-

„ *deum, ut praesit hominibus significans hunc*
„ *dominatum non esse naturalem homini.* " *)

Rép. Quelle raison! quoi! parce que
dieu a subordonné les espèces, il n'a pas
subordonné les individus! parce qu'il a subordonné la brute à l'homme, il n'a point
subordonné les enfans à leur père, et les
pères subalternes *au chef universel!* en vérité, il faut être bien dénué de moyens pour
en employer d'aussi peu concluans. Dans
l'écriture, il y a bien des textes. Dans celui que l'on cite, dieu constitua l'homme sur
toutes les espèces d'animaux. Dans celui
où il dit au premier homme : *crescite et mul-
tiplicamini,* il le constitua l'auteur de ses
descendans. Par le premier, l'homme n'a
que *domaine* sur les animaux : par le second,
il a *autorité* sur les autres hommes, droit qui
est infiniment au-dessus de celui de domaine.

V. Qu'objectera-t-on encore? dira-t-on
qu'un père n'a pas autorité sur des étrangers?
c'est sortir de la question.

---

nelon, toutes les histoires et tous les auteurs,
étoit bien *souverain. Numquid refert an am-
pla, aut angusta sit urbs ad imperium.* (*Plat.
repub. lib.* 1.) *Omnis domus regis imperio
administratur* dit Aristote.

*) Cette objection se trouve dans Suarez lib. 3. cap. 1.
Elle est encore plus foible que toutes les autres.

Dans le monde entier Personne n'étoit étranger pour celui qui peupla le monde: dans chaque pays, personne ne fut étranger pour celui qui peupla le pays; dans chaque famille, personne ne fut étranger pour celui qui peupla la famille. Tant que l'autorité est dans sa source, il n'y a pas la plus petite difficulté et nous en sommes ici à la source ces autorités, *à l'auteur universel* de chaque peuple.

Objectera t-on: qu'il y avoit des étrangers sous Romulus: qu'il y en a sous les souverains actuels.

Rep. Qu'on attende donc que nous en soyons aux souverains actuels: chaque question viendra dans son temps.

VI. *Opposera-t-on: que, dans l'origine, les peuples ne connoissoient pas leur auteur universel?*

Rép. Cette assertion est évidemment fausse. Certes, *les Juifs, les Ismaélites, les Assyriens, les Iduméens, les Sidoniens,* tous les peuples primitifs en général, connoissoient à merveille celui dont ils étoient descendus, puisqu'ils en portoient le nom. Mais quand, par impossible, ils ne l'eûssent pas connu; qu'en résulteroit-il? quand on ne connoît pas des droits, on les cherche. Et quand il est question de gouverner, on ne les cherche pas long-temps. Ceux qui ont des prétentions au gouvernement ont bien soin de se présenter eux-mêmes et de revendiquer leurs droits. Quand elle seroit méconnue, quand elle lui seroit disputée, *un auteur universel a-t-il autorité universelle* sur ses descendans? ne l'a-t-il pas? voilà toute la question sur l'autorité souveraine.

VII. Enfin, *il en est qui disent : que d'après cet exposé, il n'y eût jamais eu qu'un seul souverain dans le monde; ce fut le chef de tous les hommes.*

Rép. Quand cela seroit vrai, l'autorité ne viendroit pas du peuple, elle viendroit du chef des humains. Mais c'est une illusion pitoyable. *Palmire* peuple tout un pays par ses descendans: en sa qualité *d'auteur universel*, il est évident qu'il a le droit de les gouverner, et qu'il est la source universelle de toutes les autorités. *Burrhus* l'un de ses enfans surchargeant le premier local, reçoit ordre de son père de se retirer dans un autre, et il part avec ses descendans. *Burrhus* quoiqu' inférieur à *Palmire* n'en est pas moins le souverain naturel du nouveau pays, et il peut à son tour envoyer des colonies dans un autre. En général, chaque branche du genre humain a essentiellement son *auteur universel*, et cet auteur universel, quoiqu'il soit subalterne tant qu'il reste avec son père, devient *souverain* du moment qu'il en est totalement séparé. Qu'on juge d'après cela combien, dès l'origine, il put y avoir de sou verains, de fondateurs et de chefs universels qui avoient le droit de gouverneur en vertu de leur titre d'auteur *).

VIII. A quoi donc se réduisent toutes les objections des adversaires? A des assertions vagues, des équivoques et des illusions. Parce qu'un père subalterne n'a pas l'autorité souveraine, on vous dit qu'un père souverain ne l'a pas: parce qu'un père particulier n'a pas puissance politique, qu'il ne gouverne ses enfans que jusqu'à l'émancipation, on vous affirme sérieusement qu'après l'émancipation les fondateurs des peuples ne gouveinoient pas. . *Après l'émancipation, les fondateurs des peuples ne gouvernoient pas!* cela est fort aisé à dire: mais la preuve: où est-elle? il faudra donc éteindre la raison, brûler toutes les histoires et tous les monu,

---

*) Pourquoi dans l'Afrique, dans l'Amérique etc. a-t-on trouvé tant *de seigneurs*, *d'anciens*, *de caviques* qui étoient souverains chacun dans leur village? c'est parceque, dans l'origine, chaque maison primitive, se trouvant séparée des autres maisons par du bois ou de vastes déserts, étoit independante des autres maisons, et que tout chef de maison qui est indépendant des autres chefs est essentiellement le seigneur, le maître et le souverain de sa famille

mens de l'univers ! cependant, qu'on lise tous
les auteurs qui ont embrassé le parti des conventions : ou n'y trouvera pas autre chose.
Nous en avons même extrait ce qui nous a
paru le plus fort. Partout on y conclud du
particulier au général, d'un père subalterne
au père universel, conséquemment d'une autorité subordonnée *à l'autorité souveraine.*

§. IX.

Conclusion.

Pour nous, aux assertions vagues des auteurs estimables qui ont embrassé cette opinion, nous opposons la voix invincible de la
nature, le cri de tout l'univers, le témoinage
imposant de cette foule d'auteurs, qui placés
à l'origine des temps, développoient la naissance des peuples et les pouvoirs de leurs
chefs, sous la dictée de leurs ancêtres, té-
moins oculaires des faits : et d'après cette
masse imposante de preuves, de faits et
d'autorités ; malgré l'aveuglement presqu'universel des peuples, malgré le naufrage presque
général des écrivains, malgré l'étendue vraie-
ment effrayante des préjugés, malgré la re-
volte et le soulèvement inévitable des passions, malgré tout ce qu'on pourroit penser

et dire de contraire, nous soutenons qu'on se trompe *sur la source de l'autorité souveraine*; nous soutenons qu'elle n'est jamais venue et qu'elle ne viendra jamais *de l'universalité du peuple*; que cette dérivation est impossible; que tant qu'on persistera dans cette dangereuse opinion, on persistera dans une erreur qui perdra le monde: nous soutenons que l'autorité souveraine prend sa source comme toutes les autres autorités, *dans le titre d'auteur.*

Qu'on y fasse bien attention: nous n'avons point dit que, dans l'origine, *l'auteur universel* de chaque branche du genre humain fût vêtu de pourpre, qu'il fût assis sur un trône, qu'il portât le titre de roi: souvent il ne le pouvoit pas. Nous avons dit que, si (comme tout le monde en convient) dieu a *autorité universelle* sur tout l'univers, un père a *autorité universelle* sur ses enfans, par la raison seule qu'ils en sont *les auteurs*, d'après l'indication seule de la nature et de la raison, *l'auteur universel* de chaque branche du genre humain avoit essentiellement *autorité universelle* sur sa branche. Nous avons dit qu'en vertu de son titre seul d'auteur universel, il avoit le droit de régir et de gouverner ses descendans. Nous avons prouvé par la fable, par l'histoire, par les interprètes, par les faits les plus avérés et les plus multipliés que, dans l'origine, c'étoient ces chefs naturels qui gouvernoient souverainement, et cela sans convention, sans élection quelconque, en vertu de leur titre seul *d'auteur universel.* Nous avons fait voir qu'il est impossible de citer un seul trait d'histoire qui fasse créer les premiers souverains par les peuples, ni une seule objection qui puisse ébranler la vérité que nous établissons. En voilà assez *sur la source des autorités et des souverainetés.*

Maintenant comment ces chefs naturels sont-ils devenus des chefs civils ? *Où les corps civils ont-ils pris naissance?* voilà la question qui se présente naturellement après *la source des autorités*, et que nous traiterons dans la discussion suivante *)

---

*) Avant de quitter *la source des autorités*, qu'on fasse attention à une vérité bien importante : c'est que, si je suis *l'auteur universel* d'une nation, je n'ai pas besoin d'attendre l'existence de cette nation pour avoir *l'autorité universelle*; je la possède dès mon vivant. Dès que *Jacob* eut procréé ses douze enfans, il fut, dès son vivant, *l'auteur universel* des douze tribus et de tous les juifs qui existeront jusqu'à la fin du monde. Il en fut de même *d'Ismaël* par rapport aux ismaélites, *d'Esaü* par rapport aux Iduméens, et du chef universel de chaque nation en général. Si je suis père de 6 enfans et que ces six enfans doivent procréer un jour

6 nations, ou 6 branches d'une seule nation ; dès que mes 6 enfans sont nés, mon autorité est dans toute sa force, dans toute sa perfection et dans toute son étendue. Mes six enfans multiplieront sous son ombre, mais ils ne l'étendront pas. — C'est une grande source d'où descendant six fleuves qui se subdiviseront par ruisseaux. C'est une large souche d'où partent six grandes branches qui se subdiviseront par rameaux, mais la source est universelle dès le point du départ. Aussitôt que mes six enfans sont nés, je possède dans toute son intégrité *l'autorité universelle* sur eux et sur tous leurs descendans. Ainsi *l'autorité universelle* est essentiellement antérieure aux peuples, indépendante des peuples, supérieure aux peuples, parfaitement distinguée de l'universalité de chaque peuple. Elle est essentiellement *universelle* par elle même et fait à elle seule la première partie du gouvernement. *L'auteur universel* d'un côté, *l'universalité des sujets* de l'autre. Sans cela le gouvernement n'existera jamais, parce qu'il sera toujours impossible d'en former les deux parties.

PRINCIPES

OU

NOTES EXPLICATIVES.

P. I.

Distinction importante du Domaine et de l'autorité.

S'il n'y a que deux manières naturelles de produire de nouveaux êtres et d'acquérir *autorité* sur eux, *la création et la génération;* quand les êtres sont produits, pour les nourrir, les élever, les former, les mettre en oeuvre et en tirer partie, il y a mille manières de les travailler et de les modifier; et c'est par ce travail sur des êtres déjà produits, qu'on acquiert *des droits de domaine.* Ces deux notions infiniment importantes se trouvent presque par-tout confondues dans les auteurs: voici sur ce sujet quelques courtes observati ns *).

I. Aussitôt que l'homme fut créé, son ame essentiellement active put s'occuper de son créateur, se promener sur ses ouvrages, les comparer, se porter au-dehors, se replier sur elle-même; la nôtre peut en faire autant. Par là elle acquiert *des droits de domaine* sur ses pensées, ses productions et sur ses raisonnemens: mais elle n'acquiert pas la plus petite *autorité!* parce que par la pensée elle ne produit pas des êtres nouveaux, elle ne produit que des modifications, et qu'en se modifiant, elle ne se produit pas elle-même.

2. Quand l'ame agit sur le corps, qu'elle l'éclaire, qu'elle le dirige dans ses opérations et ses travaux, elle acquiert *des droits de domaine* sur les opérations du corps, mais elle n'acquiert, pas le plus petit grain *d'autorité*, parceque par ces opérations et ces modifications, elle ne produit ni le corps, ni les êtres sur lesquels il travaille. Ainsi:

Celui qui fait un livre, un ouvrage soit en prose, soit en vers, sur des fleurs, sur des

---

*) La langue française n'ayant pas consacré le terme *Maitrye* pour exprimer le droit d'un maitre sur ses propriétés, je n'en vois pas d'autres que celui de *domaine* pour rendre cette idée, *jus Domini* ou *jus Dominii.*

jardins, sur un sujet quelconque, ne produit ni les fleurs, ni les jardins, ni les sujets sur lesquels s'exerce son esprit. Il n'acquiert pas *d'autorité.*

Celui qui trace des peintures sur la toile, sur le papier etc., ne produit ni la toile, ni le papier, ni les couleurs qu'il employe. Ce ne sont que des compositions et des modifications d'êtres déjà existants.

Celui qui travaille sur un bloc de marbre ou sur un morceau de bois, ne produit ni le marbre, ni le bois: ce n'est qu'une forme qu'il donne.

Celui qui fabrique des toiles, des draps, des étoffes, ne produit pas les matériaux, il n'y met que la main d'oeuvre.

Le premier occupant d'un pays, qui en coupe les bois, en défriche les terres, en récolte les fruits par lui et par ses descendans, ne produit ni les bois, ni les fruits, ni le pays: tous ces travaux ne lui donnent *aucune aurorité.*

Celui qui avec les fruits ou l'argent qu'il a gagnés par son travail, achète des terres, des châteaux, ne produit ni les terres, ni les châteaux, ni l'argent.

Celui qui achête des esclaves, loue des domestiques ou des ouvriers pour travailler sur son bien, ne produit ni les esclaves, ni les domestiques, ni les ouvriers. Par tout cela on n'acquiert sur tout ces êtres *aucune autorité*, ou n'acquiert que *des droits de domaine.*

Cependant celui qui fait des livres et des ouvrages d'esprit, produit ces ouvrages, il en est *l'auteur.* Oui, sans doute; mais il ne produit pas les êtres sur lesquels il travaille. Ainsi le travail dont il est l'auteur ne lui donne pas *autorité* sur ces êtres. Celui qui fait des statues, des tableaux, qui fabrique différens ouvrages matériels, produit ces ouvrages, il en est *l'auteur.* Oui, sans doute, mais il ne produit pas les matériaux de ces ouvrages. Ainsi la forme dont il est l'auteur ne lui donne pas des droits *d'autorité* sur le fonds, elle ne lui donne que *des droits de domaine.*

Mais quand Dieu créa l'univers, par l'acte de la création, il ne modifia pas seulement un être déjà existant, il créa l'univers. Il ne lui donna pas seulement la forme, il produisit le fonds, il en fut *substantiellement l'auteur :* voilà pourquoi il n'a pas seulement *domaine*; il a *autorité* sur tout l'univers.

Quand un père engendre, par l'acte de la génération, il ne modifie pas seulement un être déjà existant, il produit un être qui n'existoit pas. Il ne lui donne pas seulement la forme, il produit le fonds, il le tire de sa substance; il en est *substantiellement l'auteur.* Voilà pourquoi il n'a pas seulement

Tome II.   H

domaine, il a *autorité* réelle et véritable sur ses descendans.

En général, le travail que l'on fait sur des êtres déjà existans et dont on n'est pas l'auteur, peut bien donner des droits de domaine, des droits de maître sur tous ces êtres, mais jamais il ne donne *des droits d'autorité.* Ce n'est *que par la création ou par la génération* qu'on peut produire de nouveaux êtres: *la création et la génération* sont les deux seules manières naturelles d'acquérir *l'autorité.*

Quand on a acquis des droits d'autorité, soit par la création, soit par la génération, on peut conférer *l'autorité* à tout; à des pommes, à des monnoies, à des livres, à du papier. C'est ainsi qu'une pièce frappée du sceau de l'autorité oblige tous les sujets à la recevoir. C'est ainsi qu'un acte scellé du sceau de l'autorité est irrécusable. C'est ainsi qu'un livre vérifié et certifié authentiquement par l'autorité soit civile soit spirituelle devient *Authentique, Αυθεντικος,* il devient *une autorité* et souvent une très-grande autorité qui oblige à la croyance. Mais cette autorité ne lui vient pas de l'auteur qui l'a travaillé: elle lui vient de celui qui a des sujets et qui ayant autorité sur eux, a le pouvoir de les obliger à la soumission par le sceau qu'il appose sur tous ces objets. Ainsi toute espèce *d'autorité* prend toujours sa source dans le titre *d'auteur* qui a produit des êtres *soit par la création*, *soit par la génération* *).

P. II.

Excellence de l'Autorité.

De là il s'ensuit évidemment qu'entre *le droit de domaine et d'autorité*, il y a bien de la différence. Toutes les fois qu'on a droit d'autorité sur des sujets, on a par cela même droit de domaine; parce qu'on a produit la forme et le fonds. Mais toutes les fois qu'on produit la forme, ou ne produit pas pour cela le fonds; ainsi le droit de domaine n'emporte pas toujours le droit d'autorité.

---

*) Il n'y a rigoureusement que les livres scellés de l'autorité de Dieu qui puissent obliger à la croyance. Cependant les livres des hommes scellés et approuvés par toute espèce d'autorité, d'après l'examen d'hommes savans et éclairés, peuvent devenir aussi de très-grandes autorités. Un maître peut aussi avoir autorité sur ses domestiques; mais c'est une autorité reçue, une autorité qui lui vient des pères, ou du souverain. Ce n'est pas une *autorité naturelle.*

I 2

Tel est le droit que j'ai sur un livre, sur une statue.

De-là il s'ensuit évidemment que *le droit d'autorité* est infiniment supérieur à celui *de domaine.* Avant de pouvoir travailler, il faut que j'existe, il faut que j'aie des matériaux. Tout cela suppose *un auteur;* ainsi *l'autorité* est le plus grand, le plus auguste, le plus ancien de tous les droits: il est impossible qu'il ne soit pas antérieur à tous les autres.

De-là il s'ensuit évidemment que *le droit d'autorité* est infiniment plus étendu que tous les autres. Par le droit *de domaine*, je ne suis que maître; par le droit *d'autorité* je suis *auteur et maître* tout ensemble. Si je suis le premier propagateur d'un pays, non-seulement je suis l'auteur des hommes qui l'habitent, mais je suis leur maître, non-seulement je suis le maître souverain de tout ce qui est dans le pays, puisqu'étant primitivement la source naturelle de tous les hommes, je suis par cela même la source primitive de tous les travaux, de tous les biens et de tous les domaines.

De-là il s'ensuit évidemment que *l'autorité* est la plus forte, la plus réelle et la plus physique de toutes les propriétés. Si je suis le père d'une famille ou d'une société quelconque, mes sujets me sont propres, non-seulement parce qui je les ai achetés, parce que je les ai nourris de mes propres travaux, mais parce que je les ai produits et engendrés aux dépens de ma propre personne. Tant que je serai vivant, j'ai sur eux des droits, en vertu desquels, non seulement je peux les soumettre, mais en vertu desquels ils me sont soumis, en vertu desquels non-seulement je peux leur faire la loi, mais en vertu desquels ils sont tenus de recevoir la loi de moi; en vertu desquels non-seulement je peux les contraindre à me respecter et à m'obéir, mais en vertu desquels ils sont tenus et obligés de me respecter et de m'obéir; eu vertu desquels je peux les punir corporellement s'ils ne le font pas, parce qu'en vertu de l'acte de la génération j'ai des droits de domaine et d'autorité sur leurs corps, qu'ils sont une émanation physique de ma propre substance.

De-là il s'ensuit évidemment que *l'autorité* est le plus vivace et le plus indestructible de tous les droits. Quand je serai mort, si mes droits *de domaine* ne périssent pas avec moi, *mon autorité* peut encore bien moins périr. Si me droits *de domaine* se perpétuent par le travail de mes descendans; *mon autorité* se perpétuera encore bien plus solidement par leur génération; si je suis *l'auteur universel* des personnes, je le serai jusqu'à la consommation des siècles, et dès qu'ils sont mes descendans, ils descendront de moi jusqu'à ce qu'ils ne subsistent plus,

Quelqu'éloignés qu'ils soient de moi, s'il vivent, c'est parce que je leur aurai donné la vie : s'ils engendrent, c'est parce que je les aurai d'abord engendrés. Tant qu'ils subsisteront, c'est dans ma génération primitive qu'ils prendront leur source. Quelque nombreux qu'ils deviennent avec le temps, en vertu de nom titre *d'auteur universel*, ils seront liés au-dessous de moi par des liens que qui que ce soit ne brisera jamais, qui ne se borneront pas à la première génération, mais qui se perpétueront essentiellement de générations en générations, jusqu'à ce qu'ils cessent d'engendrer eux-mêmes ; *par les liens du sang* ; on aura beau faire ; jamais on n'anéantira *mon autorité* ; jamais on ne l'arrêtera dans son cours.

P. III.

Indépendance de l'autorité.

Pour pouvoir imposer le joug du mal physique sur une famille, il faut être *indépendant* de cette famille.

Pour pouvoir l'imposer sur une société quelconque, il faut être *indépendant* de cette société.

Pour pouvoir l'imposer sur tous les hommes, il falloit être *indépendant* de tous les hommes.

Si celui qui nous a imposé le joug du mal physique dépendoit de nous, il y auroit long-temps que nous ne porterions plus ce joug. Et si ceux qui sont chargés de l'imposer sur la tête des peuples dépendoient des peuples, ils ne rempliroient pas long-temps leurs fonctions. Telle est cependant la destination essentielle *de l'autorité*; c'est d'imposer à tous le joug de la loi, de commander et de défendre, de récompenser et de punir.

C'eût donc été une très-grande inconséquence dans l'auteur de la nature de mettre *l'autorité* dans la dépendance de ceux à qui elle doit imposer le joug: c'eût été anéantir son propre ouvrage et s'anéantir lui-même. Aussi ne l'a-t-il pas fait. En plaçant *l'autorité* dans *l'auteur* qui produit, il l'a fixée au-dessus de ce que chaque auteur peut produire et en a fixé la source primitive au-dessus de tout ce qu'il a produit lui-même, conséquemment au-dessus de tous les hommes.

De-là que s'ensuit-il évidemment? il s'ensuit 1. que par l'institution seule de la nature le gouvernement des ames est essentiellement *indépendant* des souverains; car qu'est-ce qui est *l'auteur* des ames? c'est dieu seul: ainsi dieu lui seul peut constituer *des autorités* sur elles.

Il s'ensuit 2. que par l'institution seule de la nature, les souverains doivent être *indépendans* et ils le sont en effet: les peuples ne peuvent ni les constituer, ni les destituer, ni leur faire la loi, ni les punir. Pourquoi cela? parce qu'ils sont placés au-dessus de leur tête, en vertu de leur titre *d'auteur universel.*

De-là il s'ensuit 3. que par l'institution seule de la nature, *l'autorité, le domaine et le pouvoir législatif* doivent être *indépendans* et ils le sont en effet. Par sa nature, l'ouvrage dépend de son auteur, mais l'auteur ne dépend pas de son ouvrage. Partout où ceux qui gouvernent sont dans la dépendance de leurs inférieurs, il n'y a plus *ni autorité, ni domaine, ni pouvoir législatif:* c'est le renversement absolu de la nature.

P. IV.

Subordination des autorités.

Quoique *l'indépendance* soit l'attribut essentiel *de l'autorité,* cette indépendance n'empêche point du tout *la subordination:* et c'est ce qu'il est important de bien entendre. Parce que chaque individu est indépendant de ce qui lui est inférieur, cela n'empêche pas qu'il ne dépende de tout ce qui lui est supérieur.

I. Il est clair que chaque enfant ne dépend ni des biens, ni des domestiques, ni des chevaux que son père lui a donnés. Par rapport à tous ces objets, il a un domaine parfaitement *indépendant*. Cependant, comme il tient tous ces objets de la libéralité de son père et que jusqu'à l'émancipation, il ne peut en user que sous la direction de son autorité, il est visible que son domaine est naturellement subordonné *à l'autorité paternelle*.

II. Il est clair que, dans le gouvernement de sa maison, chaque chef de famille ne dépend ni de ses enfans, ni de ses domestiques, ni de ses ouvriers; relativement à eux, il est parfaitement indépendant. Mais comme ce chef de famille et tous les autres chefs subalternes descendent essentiellement d'un auteur souverain, il est visible qu'ils sont par droit de nature subordonnés *à l'autorité souveraine*.

III. Il est clair que, dans chaque pays, le premier propagateur ne dépendit pas des chefs subalternes auxquels il donna le jour, par rapport à eux, il étoit souverainement indépendant. Mais comme ce premier propagateur tenoit son existence de l'auteur de l'univers, il est visible que lui et tous les chefs souverains sont par droit de nature comptables de leur souveraineté *au souverain des souverains.*

De-là que s'ensuit-il? il s'ensuit 1. que par sa nature et par son essence, dieu seul est l'être *rigoureusement indépendant.* En sa qualité d'auteur suprême, tout dépend de lui et il ne sauroit dépendre de personne.

De-là il s'ensuit 2. que par l'institution de la nature les souverains ne sauroient être rigoureusement *indépendans.* S'ils ne dépendent pas de leurs peuples, ils dépendent de l'être suprême. S'ils ne peuvent pas recevoir la loi de leurs peuples, ils la reçoivent de l'être suprême, qui les punira sévérement s'ils ne gouvernent pas selon ses lois.

De-là il s'ensuit 3. que par l'institution de la nature, les chefs subalternes de chaque famille, tant qu'ils restent dans le pays, ne peuvent jamais être *indépendans.* Ils ne dépendent pas de leur famille, mais ils dépendent du chef souverain et sont rigoureusement tenus de lui obéir.

Enfin, de-là il s'ensuit 4. que, par l'institution seule de la nature, les chefs primitifs du genre humain qui vivoient neuf cens ans, devoient avoir sous eux une nombreuse postérité et que long-temps avant de mourir, ils devoient être de puissans souverains, puisqu'ils avoient donné le jour à plusieurs peuples. *)

P. V.

Des chefs primitifs.

Mais, dira-t-on, si les chefs primitifs du genre humain furent si puissans, pourquoi

---

*) Les patriarches et autres chefs primitifs du genre humain qui vivoient huit ou neuf cens ans, avoient tout le temps de voir, non-seulement leur cité peuplée, mais d'envoyer au dehors de nombreuses familles qui en produisoient d'autres à leur tour. De-là tant d'essaims, de colonies et de nouvelles peuplades qu'on voit sortir de la cité primitive et se former de leur vivant. C'étoit bien du vivant *d'Adam*, que *Cain* bâtissoit des cités, qu'on voit paroître *Enos, Hénoch, Tubal-caïm* père des forgerons, *Jubal* père des musiciens, *Jabel* père des pasteurs etc. Le fondateur de chaque nouvelle cité pouvoit, de son vivant, produire de nouvelles peuplades qui formoient de nouvelles cités. C'est la première origine du gouvernement et de l'autorité des anciens (*V. principes de Bossuet et de Fénelon sur l'origine des sociétés.*)

Adam, *Noé* et les autres chefs primitifs du genre humain ne portoient-ils pas *le titre des rois?* . Nous avons promis d'en dire la raison, et ils en avoient une très-bonne: c'est qu'ils ne l'étoient pas. Et pourquoi ne l'étoient-ils pas? par la raison bien simple qu'ils suivoient la loi de dieu et que quiconque reçoit la loi, dans l'acception rigoureuse du terme, n'est pas *roi* et ne régit pas, puisqu'il est lui-même régi par un autre.

Non, jamais *Adam*, *Noé*, ni aucun des chefs primitifs, tant qu'ils restérent fideles à dieu, ne portérent *le titre des rois:* si quelques-uns de leurs descendans eûssent entrepris de le leur donner, ils l'eûssent rejetté avec indignation. Et l'auteur inconsidéré qui, au commencement de son contrat social, s'est permis de plaisanter *le roi Adam et l'empereur Noé*, a prouvé, dès le début, que les principes et la raison ne seroient pas le caractère distinctif de ses ouvrages. Jamais ni *Adam*, ni *Noé*, ni *Hénoch*, ni *Abraham*, ni aucun des chefs primitifs, quoiqu'ils eûssent déjà des cités sous eux et qu'ils gouvernâssent très-certainement leurs descendans, ne prirent *le titre des rois.* Pourquoi cela? parce qu'ils connoissoient un peu mieux que l'auteur du contrat social, la valeur des termes et les principes élémentaires des gouvernemens. Quoique ces augustes patriarches fussent souverains relativement à leurs descendans, ils se glorifioient d'avoir un souverain au-dessus d'eux. Dans ces premiers temps, c'étoit dieu qui gouvernoit immédiatement, tant dans le spirituel que dans le temporel, tous ceux qui vouloient l'entendre, et ces patriarches qui savoient apprécier le bonheur d'être régis par un tel maître, ne faisoient rien sans le consulter, et sans recevoir ses ordres. Cette soumission n'est peut-être pas du goût des auteurs conventionnels, mais elle étoit du goût de nos pères, et les auteurs conventionnels n'existoient pas encore de leur temps.

Mais parce que les chefs primitifs du genre humain recevoient la loi de dieu, dire qu'ils étoient encore sans lois: parce qu'ils gouvernoient sous les ordres de dieu, dire qu'ils étoient encore sans gouvernemens: parce qu'ils tiroient leurs pouvoirs de dieu, dire qu'ils n'avoient pas de pouvoirs: parce qu'ils n'exerçoient leur *autorité souveraine* que sous la direction de dieu, dire qu'ils n'exerçoient pas *la souveraineté;* ce sont autant de paradoxes réprouvés par la raison et démentis par toutes les histoires. Quoiqu'ils ne portâssent pas *le titre des rois*, les patriarches exerçoient sur leur famille le droit de vie et de mort. Ils faisoient la paix et la guerre; ils ne dépendoient de qui que ce soi; les Rois recherchoient leur alliance. Je ne vois pas, *dit Mr. Fleury, mœurs des Is-*

raélites, ce qui leur manquoit pour être *souverains.*

Quoiqu'ils ne portâssent pas *le titre de rois,* ces chefs primitifs étoient donc, sous la direction de dieu, *des souverains* et de grands souverains. Ils avoient, comme on nous l'a objecté, non-seulement *puissance politique,* mais *puissance économique.* C'étoit à eux que tout le monde étoit comptable. Reprendre, punir, émanciper, déshériter, ils pouvoient tout, parce qu'ils étoient les maîtres de tout. *L'autorité* de celui au nom duquel ils parloient, surajoutée à la leur, ne faisoit que rendre la leur infiniment plus respectable. De-là *la grande autorité* des pères, la grande dépendance des enfans dans ces premiers temps. De-là la profonde vénération que tous les chefs de familles subalternes avoient pour leur chef principal. Non-seulement les enfans mariés, mais les enfans qui avoient déjà plusieurs générations au-dessous d'eux, tels que *Sem, Cham et Japhet,* n'entroient dans la tente du père commun qu'avec respect. Sa bénédiction étoit le comble de la faveur pour ceux qui lui étoient soumis, sa malédiction étoit un arrêt de proscription pour ceux qui ne le respectoient pas. Or, d'où ces chefs primitifs tiroient-ils une pareille autorité? étoit-ce *de l'universalité* de leurs descendans ou

de leur titre *d'auteur universel?* je le demande. *)

---

*) Parce que les vengeances particulières ont lieu chez
certains sauvages, on en a conclu qu'il n'y a chez
eux *ni autorité ni gouvernement.* C'est une
méprise. Tant qu'un chef de famille n'a encore
sous lui qu'un petit nombre d'individus, non-seulement il ne peut pas empêcher ces individus d'é-
xercer leurs vengeances particulières, mais il est
souvent obligé de se joindre à eux pour les aider
à se venger de leurs ennemis soit du dedans soit
du dehors. Il y a à la tête de cette famille un
chef, un patriarche, une autorité; mais il n'y a
point encore de force publique; il faut de toute
nécessité que le chef se serve des particuliers pour
faire exécuter ses jugemens. Dès-qu'il aura des
soldats et des officiers publics, il saura mettre un
frein aux vengeances particulières, il sévira contre les coupables, et fera exécuter ses jugemens
par ses officiers publics. Ce n'est pas l'autorité
qui lui manque; ce sont les moyens.

N'est-ce pas, si non au défaut, du moins à
l'insuffisance de la force publique qu'il faut attribuer dans les dixième et onzième siècles ces guerres privées, ces vengeances particulières qui, sous
le règne de Henri I. petit fils de Hugues - Capet,
à une époque ou la monarchie et par conséquent

P. VI.

Des enfans des chefs primitifs.

Si les chefs primitifs ne prirent pas *le titre de roi*, pourquoi *Sem*, *Cham et Japhet*, ces patriarches fameux qui peuplèrent le monde, ne le prirent-ils pas ?

Nous répondrons à cette nouvelle difficulté que ce fut par des raisons encore plus fortes que les précédentes. D'abord tant qu'ils firent partie de la cité paternelle, je crois qu'on trouvera fort simple qu'ils n'aient pas pris *le titre de rois*, ils dépendoient alors non-seulement de dieu, mais de leur *père universel*, ils ne formoient encore sous lui qu'une seule cité, et on ne prend pas le

---

l'autorité existoit depuis plusieurs siècles, provoquèrent en France cette loi qui sous le nom de *Trève du seigneur* défendoit les combats particuliers depuis le Jeudi jusqu'au dimanche ? disposition que sanctionna le concile de plaisance, vers la fin du 11eme siècle, en prononçant une censure sévère contre la licence des guerres entre particuliers, et en mettant les prêtres, les femmes, les laboureurs, les marchands, pendant un certain nombre d'années, sous la sauve-garde spéciale de l'église.

titre de souverain tant qu'on a un souverain,
au dessus de sa tête. Ce ne fut qu'après son
mémorable bannissement, que *Cain* commença à bâtir des villes. à y établir ses enfans. Il en fut de même des chefs descendans *de Noë;* ce ne fut qu'après la grande
dispersion de Babylone qu'ils commencèrent
à fonder des cités dans divers pays. *Le titre
de roi et de souverain* exige une séparation
totale de la cité primitive, puisqu'il suppose
nécessairement l'indépendance.

.Or, il n'est point du-tout certain que les
premiers enfans *de Noë* se soient totalement
séparés de leur père. Je sais que plusieurs
auteurs ont prétendu que *Cham* s'étant placé
à la tête des voyageurs, après avoir peuplé
par ses descendans toute la terre *de Canaan,
la Chaldée* et autres pays voisins, se transporta dans l'Arabie heureuse, qu'il y bâtit
une ville nommée *Niza*, où naquit *Mézraim
ou Osiris* premier Roi d'Egypte. De l'Arabie
heureuse, *Diodore de Sicile* dit qu'il passa en
Afrique ou Lybie, qu'il jetta même les fondemens de la ville de *Thébes* et qu'il y régna.
Comme ce fameux chef avoit encouru l'animadversion de son père, il peut se faire que,
comme un second *Caïn*, il se soit trouvé
compris dans la grande dispersion : mais
outre que cette assertion paroît douteuse, ce
que quelques historiens ont avancé *sur Cham*,
l'histoire ne nous le dit pas *de Sem et de*

Japhet. Si ces deux chefs celèbres ont peuplé deux grandes parties de la terre, il est
très-certain que ce n'a été que par leurs descendans et quand bien même *Cham* auroit
abordé personnellement *en Afrique*, ce ne fut
dans la suite que par sa postérité qu'il s'étendit dans cette immense partie du monde. *)

Quoiqu'il en soit, quand *Caïn* fut chassé
de la cité paternelle, il est évident qu'*Adam*
ne resta pas seul. Sans entrer dans aucun
détail, l'histoire nous dit qu'il engendra une
prodigieuse quantité d'enfans et de petits-enfans de l'un et de l'autre sexe: *genuit filios
et filias.* Il falloit que sa cité primitive fut
prodigieusement fournie, puisque *Caïn* lui seul,
quand il en fut expulsé, emmena avec lui
dequoi former des cités, et que nous voyons
plusieur grands chefs de famille, tels que
Enos, Hénoch etc. s'en séparer les uns aprés
les autres. Il en fut de même aprè le déluge.
Quand les descendans *de Noé* eurent ordre de
se disperser, il falloit que la cité primitive
fût prodigieusement nombreuse, puisque
l'histoire nous dit que le terrain d'alentour
ne pouvoit plus la contenir, et que ceux qui
s'en séparèrent, firent, à la première station,
la plus inouie de toutes les entreprises. Après
cette grande séparation, il ne faut donc pas

---

*) Diodore de Sicile sur Cham, Liv. I. pag. 9.

croire que *Noé* resta seul; ainsi que nous l'observons chez les abeilles, c'étoit toujours la cité paternelle qui , après l'émission des essaims, restoit la plus riche et la mieux fournie. Et comme, dans ces sortes de séparations , c'étoient toujours les derniers venus qui recevoient la sommation de laisser la place aux anciens , il est très-probable que *Sem* , *Japhet* et tous les premiers nés faisant de droit partie de la cité du père, restèrent avec lui pour lui fermer les yeux : que, quand bien même (contre toute vraisemblance) ils seroient partis, ils n'eûssent jamais été que des chefs ambulans, hors d'état de parvenir dans les vastes domaines qui leur étoient assignés. Sous tous les rapports, il n'est pas étonnant que l'histoire ne fasse pas mention *de leur règne.*

P. VII.

Des petits enfans des chefs primitifs.

Ce qu'il y a de bien certain, et ce qui nous crie hautement avec la raison, que la cité primitive ne se dépeuploit pas; c'est qu'avant le déluge, ce ne sont que les petits-fils et arrière-petits-fils *d'Adam*, tels qu'*Enos*, *Hénoch*, *Tubalcaïm* et autres qu'on voit paroître

à la tête des nouvelles familles ou des nouvelles cités; et après le déluge, lors de la
grande séparation, ce ne sont non plus que
les petits-fils et arrière-petits-fils *de Noé*, qui
étant d'abord descendus dans les plaines *de
Sennaar*, y bâtirent la tour de Babel, et furent
dispersés de-là dans divers pays. Ce n'est
point des enfans, c'est *des petits enfans* et
autres chefs inférieurs que datent *les rois,
les chefs et les fondateurs* des plus anciens
peuples *).

Tandis que tous ces chefs inférieurs
s'acheminoient vers les diverses parties du
globe qui leur avoient été assignées, tout le
monde sait que *Nemrod*, avec sa postérité,
resta dans *Babylone*, qu'il y régna le premier,
et qu'il y fut adoré après sa mort sous le
nom du Dieu *Bel*. Comme cette forteresse

***

*) On peut voir sur cette fameuse dispersion. *Epiphan.
in anchorato cap.* 114. *Joseph antiquit. Lib.* 1.
cap. 6. *Bochart liv.* 1 *Calmet dissert. et autres.*

Par *fondemens* des cités primitives (soit dit
une bonne fois pour toutes) nous entendons les
premiers hommes, les premières familles, les pré-
mières maisons, les premières lois des cités naissantes; et par *fondateurs*, nous entendrons les
premiers *pères* des peuples, leurs premiers auteurs,
leurs premiers législateurs. Cet avis n'est pas pour
les savans).

étoit toute bâtie, il n'est pas étonant qu'il y soit devenu une des premières puissances. Tandis qu'il régnoit *à Babylone*, *Mezraim* parvint en Egypte et après y avoir régné il y fut adoré après sa mort sous le nom *de Jupiter Ammon*; et ainsi des autres chefs sortis *de Cham*.

Tandis que les descendans *de Cham* s'étendoient vers l'Afrique, les chefs descendus *de Japhet* qui, avoient encore plus de chemin à faire pour parvenir en Europe, peuplèrent, en partant, tous les pays voisins qui se trouvèrent sur leur passage. *Medaï* peupla la Medie, *Tharsis* la Cilicie dont Tharse fut la capitale. *Tomorga* toute l'Asie mineure, *Javan*, *Eliza*, *Cettin et Dodanim*, les isles de l'Archipel et de la Gréce; de-là *Gomer* et autres descendans *de Japhet* passèreut dans la Germanie, l'Italie, les Gaules et peuplèrent toute l'Europe.

Les chefs descendans *de Sem*, comme on le sait, s'étendirent de la Mésopotamie dans tout le reste de l'Asie; *d'Elam*, les Elamites, *de Lud*, les Lydiens, *d'Aram*, les Arméniens; des vastes régions *d'Aram* ils passèreñt aux indes, en Chine etc... Tous ces détails regardent les critiques. Ce qui nous regarde, nous, c'est que tous les chefs sortis *de Noé* ne furent *souverains* qu'après la dispersion, quand ils furent totalement séparés de leur père: que tous ceux qui restèrent avec leur père ne le furent certainement pas:

qu'ainsi *Sem*, *Cham et Japhet* purent très-
bien ne le pas être.   Ce qui nous regarde,
c'est que parmi tous les chefs séparés *de Noé*,
il n'y eut que les chefs infidelles à Dieu,
tels que *Nemrod*, *Mézraïm* et autres qui prirent *le titre des rois*, tous les chefs fidelles,
tels qu'*Abraham*, *Jacob* et autres ne le prirent jamais.   Ce qui nous regarde, c'est que
parmi les chefs infidelles eux-mêmes, on ne
prenoit *le titre de roi* que quand on avoit
une nombreuse postérité, des viiles bâties et
un certain éclat extérieur. Ceux qui n'avoient
encore que deux ou trois enfans mariés, ne le
prenoient pas. *)

On est étonné que l'origine de certains
peuples soit fort obscure : il seroit plus étonnant qu'elle ne le fût pas.   Tant que le pre-

----

*) Quon lise *Hérodote*, *Suidas*, sur les egyptiens;
Eusèbe et Porphyre sur les Phéniciens et les Ty-
riens; *Pline et Bérose* sur les Chaldéens et les
Babyloniens, *Apollodore d'Athènes et Hésiode*
sur les Athéniens, *Hellanicus et Cadmus de
Milet* sur les fondateurs des villes; *Strabon*, *Joseph* et tous ceux qui ont écrit sur les antiquités,
on y verra par-tout les peuples gouvernés, fondés par leurs pères, sans élection et sans convention, et les sociétés Aborigènes avoir de bien petits
commencemens.

mier propagateur d'un nouveau pays n'eut encore qu'une seule maison, que veut-on qu'on en dise? de quoi l'histoire peut-elle parler? de ses gardes? de ses armées? de ses généraux? *où sont-ils?* de ses guerres? de ses combats? *avec qui?* où sont les écrivains? il n'en existe pas. Si, chez les grecs, l'histoire parle à peine *d'Inachus*, parce qu'il n'avoit encore que quelques mauvaises cabanes autour de lui, qu'eût-elle dit de son père? si *Moïse* n'eût eu de fortes raisons pour nous parler du premier propagateur des Hébreux, qu'est-ce qui nous en auroit laissé l'histoire? l'origine des cités qui ont commencé par un seul homme et ensuite par cinq ou six maisons est nécessairement fort obscure, et telle fut l'origine de tous les peuples *Aborigènes.* Mais que nous fait à nous ce silence de l'histoire? que nous font tous les débats des critiques et des savans sur le temps, le lieu, la situation précise des premières cités? que nous fait à nous que les fondateurs des peuples se soient appellés *rois, ducs, chefs ou patriarches?* qu'ils soient venus ou plus-tôt ou plus tard? *ces peuples ont-ils eu des pères, n'en ont-ils pas eu?* voilà toute notre question. Chaque branche du genre humain a-t'elle eu *un auteur universel?* cet auteur universel avoit-il *autorité universelle* sur ses descendans? s'il l'avoit, il étoit leur *souverain* de droit naturel. La petitesse des premières cités, comme le dit fort bien *Platon*, est une preuve de plus que *la souveraineté* a pris sa source *dans les pères* *).

P. VIII.

De Nemrod et autres Puissances primitives.

Parce qu'il est dit dans l'histoire que *Nemrod* régna le premier à Babylone et qu'il y

---

*) Qu'on se souvienne bien que la plupart de ces cités primitives étoient des cités de toile. Voilà pourquoi on a eu beau chercher, jamais on n'a pu en trouver les fondemens. De-là tant de disputes entre les critiques sur le local précis où étoient ces premières cités. *Adam* et ses énfans étoient sous des tentes. L'écriture fait mention des tentes *de Noé et d'Abraham*. Les cités composées de mauvaises cabanes et baties de boue et de branches d'arbres n'étoient guère mieux fondées. Les cités bâties par des colonies nombreuses, telles que *Babylone, Thèbes, Carthage* avoient de meilleurs fondemens; leur origine est moins obscure; mais ces grandes colonies supposent des cités *Aborigènes* où elles s'étoient formées, et ce sont celles-là dont nous parlons comme sources de toutes les autres.

devint un homme très puissant, *homo po-tentissimus*, tous les auteurs conventionnels indignés de ce trait d'histoire qui vient de si bonne heure traverser leurs conventions, l'appellent un despote, un tyran, le premier oppresseur des peuples. Mais tandis que *Nemrod* régnoit à Babylone, *Mezraïm* régnoit en Egypte : c'étoit donc aussi un oppresseur des peuples. Quelque temps après, *Inachus* régna dans la grèce, c'étoit donc aussi un oppresseur des peuples. Tous les grands chefs de famille, aussitôt qn'ils avoient des villes bâties et des forces imposantes, prenoient le titre de rois. Il y en avoit un grand nombre, dans la terre *de Canaan* : c'étoient donc aussi des oppresseurs des peuples ? pourquoi ne parlez-vous que de *Nemrod?*

Mais, dit on avec colère, Nemrod régna malgré ses sujets ! c'est précisément ce que nous disons : l'autorité universelle de dieu sur les hommes, d'un père sur ses enfans, d'un chef universel sur son peuple n'a jamais dépendu des sujets : elle est inhérente *au titre d'auteur.* En vertu de son titre d'auteur, il a le droit de régir, de gouverner et consé-quemment de régner sur eux et malgré eux. Jamais aucune espèce d'autorité n'a dependu et jamais elle ne pourra dépendre des infé-rieurs, sans quoi ce ne seroit plus une auto-rité, puisque l'autorité suppose essentielle-ment *l'indépendance.*

Nemrod régna malgré ses sujets ! oui sans doute: *Mézraïm* en fit autant. *Inachus* en fit de même. Tous les pères et fondateurs des peuples en firent de même. Ils n'attendirent ni le consentement, ni l'élection, ni même l'existence de leurs descendans pour avoir autorité sur eux. Qu'on nous dise sérieusement: qui est-ce qui avoit élu *Canaan* le père des Cananéens; *Sidon*, le père des Sidoniens, *Madaï*, le père des Mèdes; *Mésech*, le père des Moscovites; *Tharas*, le père des Thraces; *Javan*, le père des grecs; *Teut*, le père des Teutons; *Hermin*, le père des germains proprement dits etc. etc. Et quand on disputeroit sur ces noms, quand on prétendroit que ce n'est pas celui-là, que c'en fut un autre, tout cela nous est égal: dans l'ancien temps, étoit-ce l'usage que les enfans élûssent leur père? pourquoi ne parler que *de Nemrod?*

Si *Nemrod*, abusant de sa puissance, s'est permis des injustices, des véxations, et des déprédations; qu'on les condamne, rien de plus juste. Elles sont essentiellement réprouvées par le droit naturel lui-même. Mais qu'on le condamne d'avoir régné, d'avoir gouverné, d'avoir été une des premières puissances; c'est-ce que l'écriture ne fait pas; sans quoi elle auroit condamné tous les fondateurs des peuples.

Mais toutes ces premières puissances qui règnent immédiatement après la dispersion, sans élection et sans nomination préalable nous déplaisent infiniment ! — Cela peut-être. *Elles viennent trop-tôt déranger tous nos systèmes conventionnels !* . . . Cela est fâcheux. Mais puisqu'elles sont-là par l'ordre de la nature, il faut de toute nécessité renoncer à nos systèmes; car la nature agira malgré nous, et tant qu'elle agira, il faudra bien que l'histoire s'y conforme. Puisque tous les chefs des peuples une fois séparés de leur père sont *souverains* de leurs descendans en vertu de leur titre *d'auteur universel*, et que *Nemrod* immédiatement après la dispersion se trouva le premier établi, il faut bien que l'histoire nous dise: qu'il fut immédiatement après *Noé* une des premières puissances de la terre.

P. IX.

Qu'est-ce donc qu'une puissance?

Ce n'est ni la force, ni les armées, ni les canons, ni le titre de roi qui constituent essentiellement une puissance: *c'est l'autorité.*

Quand j'arrive dans un pays et que j'ai établi autour de moi cinq ou six enfans, je suis encore *une bien petite puissance.* Quand ces enfans commencent à multiplier et à former autour de moi un village nombreux, je deviens *une plus grande puissance;* et quand mes descendans se sont divisés sous moi en plusieurs villages ou plusieurs cités, je deviens *une grande puissance, homo potentissimus.* Non-seulement je peux avoir des forces, des armées et des canons, mais j'ai le droit d'en avoir et de m'en servir. Tous mes descendans sont non-seulement intéressés, mais obligés de marcher à ma réquisition, parce que j'ai *autorité* sur eux, et ils sont rigoureusement tenus de contribuer à tous les frais publics qu'exige mon gouvernement, parce que *le droit d'autorité* que j'ai sur leurs personnes emporte avec lui le droit de domaine souverain sur toutes les actions, sur tous leurs travaux et conséquemment sur tous leurs domaines; et c'est de ces deux droits réunis sur les personnes et par suite sur les choses que se compose *la souveraineté ou la puissance.* *)

---

*) Et voilà ce qui vient de dieu: *c'est l'autorité.* Si chaque famille a son père, si chaque peuple a eu son auteur universel, c'est très-certainement l'ouvrage, l'arrangement et la volonté de dieu. C'est ainsi qu'originairement et dans sa source, toute puissance, vient rigoureusement de dieu: *non*

On dit à cela que la puissance ne peut pas être un droit, sans quoi le pistolet d'un voleur lui donneroit des droits sur ma bourse.

Rép. C'est aussi ce que nous disons: *la puissance* comme force et comme puissance n'est point *un droit :* c'est *l'autorité.* Ce n'est point *la puissance* qui donne l'autorité, c'est *l'autorité* qui donne la puissance, c'est elle qui la légitime et qui la constitue dans sa nature et dans son essence légale. *Nemrod* ne fut point chef de famille parce qu'il fut puissant, il fut puissant, parce qu'il fut chef de famille, qu'à l'aide de sa famille il se maintint dans la fameuse forteresse qu'il avoit conseillé de bâtir, et que cette forteresse toute bâtie lui fournit les moyens de se faire redouter des pays voisins.

Il en est *de la force et de la puissance,* comme des talens et de tous les moyens eu général. On peut en abuser, mais l'abus n'empêche pas la chose d'être très-légitime

---

est potestas nisi a deo. Aucune ne vient des peuples: ces principes sont clairs, parce qu'ils sont vrais et puisés dans la nature. Qu'on lise maintenant dans l'encyclopédie, les articles *autorité, puissance, pouvoir, gouvernement* etc. Quelle confusion, quel chaos, quelle doctrine inintelligible! pourquoi cela? parce que toutes les notions sur la source des autorités y sont fausses,

en elle-même. Certes chaque individu a des forces personnelles dont il peut user pour le bien; chaque père de famille a, dans sa maison, des forces dont il peut user pour l'utilité commune, et chaque chef de société a, dans ses descendans, des forces dont il peut user pour le bien général. S'il en abuse pour commettre des brigandages, il a grand tort: mais il n'en est pas moins le chef de ses descendans, et l'usage illégitime qu'il fait de sa puissance ne l'empêche pas d'être, par droit de nature, une puissance très-légitime. *Le droit d'autorité*, voilà ce qui constitue ce qu'on appelle *une puissance.* Sans *autorité*, point *de puissance*, et un voleur n'en a pas. Tout prend sa source dans le titre *d'auteur et d'auteur universel.*

P. X.

Aveu des adversaires.

Si à cette nuée d'auteurs et d'historiens que nous avons cités dans cette question, il étoit nécessaire d'ajouter de nouvelles autorités, nous citerions par anticipation tous ceux qui font, comme nous, dériver les gouvernemens *des pères des peuples*, (nous les réservons pour la question suivante) et l'on verroit que nous sommes loin d'être les seuls de notre avis.

Mais à quoi bon accumuler ici de nouveaux témoignages, puisque les partisans les plus acharnés des conventions, entraînés par la force des choses, se trouvent, malgré eux, dans la nécessité indispensable de nous accorder ce que nous leur demandons. Qu'on lise leurs ouvrages: quelque forcenés qu'ils soient, jamais ils n'ont nié que les peuples ayent eu *des auteurs :* jamais on n'osa pousser jusque là l'excès du délire.

Que disent-ils donc, et que dit-on généralement dans tous les ouvrages des partisans des conventions? on vous dit froidement qu'avant la naissance des corps civils, *les hommes n'avoient encore que des chefs naturels.*

Avant la naissance des corps civils, les hommes n'avoient encore que des chefs naturels ! .. C'est aussi ce que nous disons. Mais si, comme les adversaires en conviennent dans l'encyclopédie, ces chefs naturels étoient *les princes, les souverains, les monarques politiques de leurs familles,* ils étoient donc *monarques et souverains* avant qu'il y eut des peuples: ils ne tenoient donc pas leur souveraineté de l'universalité du peuple: ils la tenoient, comme le disent *Aristote, Platon* et tous les bons auteurs, de leur paternité et de leur titre *d'auteur uni-*

versel. L'autorité souveraine a donc la même source que toutes les autres autorités.
Ainsi nous voilà parfaitement d'accord sur
cet article. Nous serions même également
d'accord sur tous les autres, si l'on entendoit bien *l'origine des corps civils.*

Seconde Question.

DES CORPS CIVILS.

Des Corps Civils.

I. *Quelle fut l'origine des gouvernemens civils, ou naquirent-ils ?* voilà la question qui se présente naturellement après la source des autorités et qui va faire le sujet de cette importante discussion.

Où naquirent les gouvernemens civils ? Ils naquirent à l'endroit ou se firent les pre-

miers partages. Le mot *civil* vient de *cité*
aussi essentiellement que le mot *autorité*
vient *d'autor*. Aussitôt que le premier chef
du genre humain eut quelques enfans mariés,
qui formèrent autour de lui *une petite cité*,
on vit paroitre dans le monde un petit gouvernement civil, qui devint plus grand à
mesure que les familles se multiplièrent...
Alors l'autorité du premier chef qui n'avoit
été que *naturelle* tant qu'il avoit été le seul
père, devint *civile* quand il y en eut plusieurs: car voilà tout le mystère.

II. *L'autorité civile* est cette autorité universelle qui s'étend sur tous les pères, sur
toutes les maisons, sur toutes les autorités
subalternes d'une société quelconque. L'autorité de chaque père subalterne, d'où descend
immédiatement chaque génération, s'appelle
l'autorité naturelle. L'autorité du chef universel d'où descendent originairement toutes
les générations de la cité, prend le nom *d'autorité civile*. L'autorité de chaque père subalterne se borne à sa famille, l'autorité du
chef universel les embrasse toutes. Chaque
père subalterne n'exerce son autorité que jusqu'à l'émancipation de ses enfans, l'exercice
de l'autorité universelle n'a jamais cessé et ne
cessera jamais. *)

*) Voilà le maître de l'ordre civil: ce fut dès l'origi-

III. C'est de cette manière bien simple, dit *Aristote* qu'on voit toutes les bourgades et toutes les cités primitives se former dans l'histoire; et c'est pour cela que dès l'origine elles etoient gouvernées par des rois. *Ex natura videtur pagus colonia domus esse, quos vocant non nulli natos que ac natorum natos. Quapropter et initio a regibus gubernabantur civitates.* Arist. polit. lib. 1. cap. 1. c'est de cette manière bien simple qu'elles ont dû se former d'après la raison. C'est de cette manière bien simple qu'elles se sont formées d'après le témoignage unanime des meilleurs auteurs. En remontant à la première origine, il est évident que dans chaque pays ce fut le premier propagateur qui établit d'abord ses enfans. . . Et c'est ainsi, comme le dit *Mr. Rollin*, qu'il devint *le législateur né de toutes les familles:* c'est ainsi, comme le dit

---

ne, le père universel de chaque cité. Le mot de *civil* vient évidemment de *cité*, comme *autorité* vient d'*Autor*. L'auteur universel d'une cité en fut dès l'origine *l'auteur civil*, son autorité *universelle* sur la cité fut nécessairement l'autorité civile, voilà tout le mistère. Possédant l'autorité universelle par le droit de nature ce fut lui qui fit les patts, qui fit les loix, qui arrangea tout comme il le voulut, long-tems avant l'existence des peuples.

K 2

fort bien *Platon*, que *les pères devinrent insensiblement des rois :* c'est ainsi, comme le dit fort bien *Mr. Bossuet* que *le premier de tous les empires fut l'empire paternel :* c'est ainsi, comme le dit fort bien *Mr. de Fénelon, qu'un grand nombre de familles vivoient sous l'autorité d'un seul grand père.* *Mr. de Buffon* et tous les auteurs dont nous avons parlé, sont unanimes sur cette formation primitive des cités et s'expriment tous de la même manière.

IV. D'après cela, il est aisé de sentir que voilà bien des embarras de moins. Pour créer des autorités civiles, il ne sera pas nécessaire d'attendre l'apparition des peuples, puisqu'antérieurement à la multiplication de chaque peuple, il en existe une essentiellement dans le chef du genre humain relativement à tous les hommes, *dans l'auteur universel* de chaque branche du genre humain relativement à sa branche, et dans le premier occupant de chaque pays relativement aux aborigènes de chaque pays. . . . Ces premiers chefs civils étant les maîtres de transmettre à d'autres leurs droits souverains : nous avons de quoi couvrir l'univers *d'autorités civiles* sans avoir besoin d'assemblées.

V. *L'autorité universelle réside-t-elle dans l'auteur universel, ou vient-elle de l'universalité des sujets ?* . . . Voilà donc de nouveau à quoi se réduit cette grande question. Si elle vient de l'universalité des sujets, il faut livrer les hommes à la plus monstrueuse et à la plus inévitable de toutes les anarchies jusqu'à ce que tous les sujets soient nés. Si au contraire *l'autorité universelle* réside *dans l'auteur universel*, tout est beau, tout est superbe, tout est lié dans la formation des gouvernemens: tout y est digne du grand ouvrier qui présida à l'organisation de ce vaste univers. Dès que *l'auteur universel* paroît, *l'autorité universelle* existe; le gouvernement civil est fondé pour jamais. Il faut de toute nécessité qu'il sorte du gouvernement paternel, ou plutôt il faut de toute nécessité qu'il existe avec lui. Si je suis le père universel d'une société quelconque, ma famille est nécessairement complette de mon vivant; et dès que ma famille est complette, mon autorité est complette; elle est déjà tout ce qu'elle doit être et ce qu'elle sera nécessairement jusqu'à la consommation des siècles. Dès que ma famille est émanée de moi, toute ma postérité en est physiquement et substantiellement émanée: et quand il en sortiroit par la suite des milliers de nations, je n'ai pas besoin d'attendre leur multiplication, je suis déjà phisiquement et substantiellement *leur auteur universel.*

Il n'en est donc pas du maître de la nature comme de ces artistes impuissans, dont tous les efforts ne peuvent produire que des ouvrages imparfaits comme leurs auteurs. En sortant des mains du créateur, ses ouvrages ont déjà tous les degrés de perfection dont ils sont susceptibles, et s'ils ont besoin de se développer, ils portent essentiellement en eux-mêmes tous les principes de leur développement. Aussitôt que la première famille d'une nation est formée, il faut de toute nécessité qu'elle se sépare bientôt par familles : et c'est de ces familles séparées (comme le dit fort bien *Mr. Bossuet dans sa politiq. sacrée, liv. 2. propos. 3.*) que *naissent les villes, et des villes les royaumes*, par l'effet de la propagation elle seule, de manière que, dès la première génération, il faut de toute nécessité que le gouvernement paternel se transforme inévitablement en gouvernement civil.

VI. C'est cette marche admirable de la nature qui nous est si lumineusement tracée par *Mr. Bossuet*, que nous suivrons dans nos développemens. Après avoir considéré avec lui la famille élémentaire de chaque pays dans son état de simple famille, nous examinerons ce qu'elle devint nécessairement. Tout dépend de · là ; car de deux choses l'une : ou cette famille primitive, en se séparant par maisons forma sur le champ *une petite cité* autour de son père : ou bien elle se dispersa par individus qui vécurent sans gouvernement, *dans l'égalité et l'indépendance.*

Tous ceux qui prétendent que ce sont les peuples qui se sont donné des gouvernemens sont obligés de soutenir que cette famille primitive se dispersa... Et nous, après avoir consulté sans partialité la raison, l'histoire, le bon sens, l'expérience, l'univers entier, nous soutenons qu'elle ne se dispersa pas : nous soutenons avec tous les bons auteurs que la cité se forma immédiatement de la séparation domiciliaire des premiers enfans : nous soutenons avec eux ; qu'après avoir gouverné une famille seule, le père primitif de chaque peuple *en gouverna plusieurs ;* que son gouvernement paternel devint sur le champ *un petit empire ;* loix, partages, constitutions, arrangement de l'ordre civil et politique, nous prouverons que tout fut originairement l'ouvrage *du père universel,* long-tems avant qu'il pût y avoir des peuples.

Enfin pour pouvoir transporter dans la main des peuples *l'origine des corps civils,* il faut de toute nécessité supposer que les hommes furent dispersés très-long-tems.... Après avoir contemplé attentivement, l'état de la famille primitive de chaque pays, la grande autorité du père, la grande dépendance des enfans, les rapports infinis qui les lient ensemble, la manière dont tout se trouve arrangé autour d'eux, nous prouverons que, par l'institution seule de la nature, la société est essentiellement indissoluble : nous prouverons, non-seulement que la famille primitive ne se dispersa pas, mais qu'il lui fut impossible de se disperser, et que si jamais la dispersion des hommes fut impossible, ce fut sur tout dans les premiers tems. *)

*) Qu'on fasse bien attention que pour réserver aux peuples la création des gouvernemens civils, il ne suffit pas, en attendant, de diviser les hommes par familles, par cités ou par tribus qui aient déjà *des pères ou des chefs*. S'ils ont déjà *des pères*, ce seront ces pères qui conféreront l'autorité lors des conventions; et les pères ne font pas le quart du peuple. Et si, comme l'entendent tous les bons auteurs, on divise les hommes par tribus, c'est encore bien pis. Les chefs de chaque tribu ne font pas un sur mille, quelquefois même un sur un million. Ce n'est pas là *l'universalité du peuple*. Dans le sistème conventionnel, il faut donc de toute nécessité une dispersion générale, totale et individuelle, qui laisse chaque individu sans chef et sans aucune autorité, dans une parfaite indépendance; afin que, lors de la convention, chaque individu contribue également à la formation de l'autorité universelle. Or cette dissolution totale des familles par individus égaux sans pères, sans mères et sans autorités, est physiquement impossible. Jamais elle n'a

§. II.

Origine des corps civils.

1. **P**our peu qu'on veuille consulter la raison, si jamais quelqu'un fut maître, ce fut le premier père : jamais il ne fut autorité pareille à la sienne. Maître de ses enfans parce qu'il leur avoit donné le jour ; il étoit impossible de douter qu'il n'en fût le père. Maître de ses enfans parce qu'il les avoit élevés ; seul dans l'univers, il étoit impossible qu'il les eût donnés à nourrir à d'autres. Maître de ses bestiaux parce qu'il les nourrissoit lui-même ; maître de ses bleds parce qu'il les avoit récoltés ; maître de son champ parce qu'il l'avoit cultivé de ses propres mains ; maître de ses meubles parce qu'il les avoit fabriqués ; maître de l'univers parce qu'il en étoit le premier occupant, tout étoit à lui. Même avant d'avoir des enfans, non-seulement il avoit des propriétés ; mais

existé et elle n'existera jamais. Donc la dispersion nécessaire pour faire des conventions est physiquement impossible. Donc jamais *l'autorité civile et universelle* n'est venue de l'universalité du peuple : elle est venue dans chaque pays, *de l'auteur universel.*

il en étoit le maître absolu, le souverain
maître; parce que, comme *J. J. Rousseau*
a été forcé d'en convenir, il étoit sans con-
currens: que qui que ce soit ne pouvoit lui
disputer son empire. Et ce que je dis du
premier chef du genre humain, je le dis du
premier fondateur de chaque cité, du premier occupant de chaque pays.

II. A cette domination absolue du père,
qu'on oppose l'état de l'enfant naissant. *Qu'est-
il et que peut-il?* la pauvreté et la nudité
même. Si, comme le dit fort bien *Sénèque*,
il étoit abandonné, il deviendroit la proie
et la victime des animaux. *Praeda anima-
lium et victimae.* L'impuissance et l'infirmité
même. Dès l'instant qu'il ouvre les yeux,
il voit dans les mains de son père tout ce
qui lui est absolument nécessaire pour sa
subsistance. S'il veut vivre, manger et se
mouvoir, il faut qu'il le demande avec lar-
mes: il est bien plus dépendant que la brute.
A l'âge de quinze ans, il doit à son père
quinze années d'avances, de fatigues et de
travaux. Pense-t-il à s'établir? l'objet qu'il
désire est à la disposition du père. Est-il
marié? voilà les besoins qui se multiplient.
Une femme à nourrir, des enfans à élever;
pas un meuble, pas un hoyau: tout est au
père: tout est dans les mains du père: il
faut être dépourvu de sens commun pour
croire qu'avec une pareille perspective et si

peu de moyens on va quitter un père qui a
tout, pour aller courir dans les bois.

III. Qu'on ajoute à cela l'état où étoit
la terre dans ces premiers temps: ce n'étoit
qu'un vaste désert. Aujourd'hui que les arts
sont inventés, que le commerce est en vigueur, que la terre est défrichée, cultivée ,
et peuplée, que les enfans des pauvres peuvent gagner en neuf ou dix ans de quoi s'é-
tablir, que les riches ont reçu de leurs ancêtres vingt fois plus de biens qu'il n'en faut
pour faire élever leurs enfans, dans certains
pays la loi peut fixer l'émancipation à vingt
ans: mais croire que ce qui se peut dans un
terrain bien cultivé soit possible dans un
terrain qui ne l'est pas: c'est raisonner faux
et très-faux. Parce que l'on voit aujourd'hui
des enfans émancipés lors de leur mariage,
il ne s'ensuit pas qu'ils le furent toujours.
Ils ne l'étoient point dans l'origine; ils ne
l'étoient pas deux mille ans après, ils ne le
sont pas encore dans tous les pays, et jamais dans les temps primitifs, les enfans
ne quittèrent leur père pour aller courir dans
les bois. Certes, dès le temps d'*Adam*, ce
n'étoit point pour semer du gland que *Caïn*
labouroit la terre; ce n'étoient point des
tigres et des lions *qu'Abel* menoit au paturage.

IV. Quand une fois l'univers est peuplé, que la terre entière est cultivée, on fait
à coup de plumes des états primitifs selon

ses idées : malheureusement on ne copie pas d'après l'original. Tous les auteurs, quels qu'ils soient, publicistes, moralistes ou théologiens qui ont écrit sur cet ancien temps, allèguent assurément des raisons invincibles pour prouver que les premiers hommes ne purent pas rester dispersés. Mais de toutes ces raisons, il n'en est pas une seule qui ne prouve invinciblement qu'il leur fut impossible de se disperser. La crainte, le besoin, les passions, la malice des hommes pires que les bêtes féroces qui les obligèrent, dit-on, de se réunir, les obligèrent avant tout de se tenir réunis. Tout ce qui démontre, de leur aveu, que l'homme est naturellement sociable, *sociabilis*, démontre qu'il naquit naturellement associé, *sociatus*. Et tout ce qui dut, selon eux, faire cesser la dispersion, dut auparavant, de toute nécessité, l'empêcher de se faire. *)

*) „ Fac nos singulos quid sumus? Praeda anima-
„ lium et victimae. . hominem imbecillitas cingit.
„ Non ungulum vis, non dentium coeteris terribi-
„ lem facit. Nudum et infirmum societas munit.
„ Societatem tolle et unitatem generis humani,
„ quâ vita sustinetur scindes. “ (*Senec. de Benefic. lib.* 4. *cap.* 18.) Qu'on lise tout ce beau chapitre, on y verra non-seulement que l'homme est sociable, mais qu'il est né associé, que la so-

V. Parce qu'on ne vivoit alors que des produits de l'agriculture et du bétail, *Puffendorf* prétend que le père n'avoit pas de raisons pour retenir ses enfans une fois mariés. *Cum priscis illis soeculis solâ agriculturâ et pecuariâ fere viveretur, nulla erat ratio quare pater filios uxoratos diutius penes se vellet retinere.* Alors le père en avoit une bien forte ; c'étoit l'impossibilité de les établir ; et les enfans en avoient une bien forte pour rester avec le père, c'étoit l'impossibilité de vivre ailleurs. Aujourd'hui, si je ne trouve pas de pain chez mon père, je peux en aller chercher chez d'autres ; mais là, il n'y avoit pas à choisir. Il n'y avoit encore qu'un seul maître. Hors le champ du

---

ciété lui est nécessaire, lui est indispensable, qu'il lui est impossible de s'en passer un seul instant, qu'ainsi les dispersions primitives étoient impossibles, réprouvées par la nature dans tous les temps et sous tous les rapports, que la société n'est point du tout une convention arbitraire, mais un bienfait de la nature et de son auteur. J'oppose ici le mot *associé*, sociatus au terme *sociable* dont se servent les publicistes pour éviter une périphrase. On ne s'attend pas que le terme *societas* qui se trouve dans tous les anciens auteurs veuille dire *sociabilité*. C'est cependant ainsi que le traduisent tous les partisans des conventions.

premier père, l'univers étoit un vaste désert. Bleds, laitage, bestiaux, meubles, provisions, tout est dans les mains d'un seul. Du pain, ou du gland; une habitation parfaitement fournie ou de stériles forêts; un père qui m'offre tout d'un côté; des bêtes féroces qui menacent de me dévorer de l'autre. Voilà l'alternative. Philosophe stupide, de quel côté vas-tu aller? et si tu pars, quel est l'enfant imbécille qui voudra te suivre? quoi, dans le monde, ou dans le pays entier, il n'y a encore qu'un seul endroit où se trouve rassemblé tout ce qui peut fournir à mes besoins, stimuler mes inclinations et mes désirs: par tout ailleurs, c'est la faim, la stérilité, la misère et la mort; et je vas m'arracher à la vie pour te suivre dans les bras de la mort! et quand je dis moi, je dis la société toute entière. Ah! quand cette absurde dispersion ne seroit pas démentie par l'histoire, elle seroit pulvérisée par le bon sens. C'est dans l'état primitif sur tout qu'il fut impossible aux enfans de quitter leur père. Tout les attiroit et les repoussoit dans ses bras.

VI. Je vas plus loin. Je dis que, quand ils l'eûssent pu, le premier père ne l'eût pas voulu et il n'eût pas pu le vouloir. Si, de leur côté, jusqu'à ce qu'on fût en état de les établir, les enfans avoient un besoin indispensable du père, jusqu'à ce qu'il eût amassé

de quoi les établir ailleurs, le père avoit
un besoin indispensable de ses enfans. A
mesure que la famille croissoit, les besoins
augmentoient, les bestiaux se multiplioient,
il falloit étendre les défrichemens. Dès que
Caïn fut en état de labourer, *Adam* l'envoya
à la charrue; dès *qu'Abel* fut en état de
courir, on lui confia le soin des troupeaux.
L'accroissement de la consommation exigeoit
un accroissement de travail. Déjà redevable
à la communauté de tout ce qu'on y avoit
pris, chaque enfant, lors de son mariage,
devoit à la communauté les frais de son
enfance: on avoit sur lui droit de contrainte.

VII. Il fallut donc rester auprès du père,
non-seulement par besoin, mais par devoir:
non-seulement par intérêt, mais par nécessité.
Et, quand par impossible, les enfans eûssent
eu fantaisie de se disséminer, le père les eût
retenus par la force. „ Quoi! eût-il dit à
„ celui qui eût été assez extravagant pour
„ y penser, quoi! votre enfance m'a coûté
„ des soins infinis; depuis quinze ans au
„ moins, vous ne subsistez que du fruit de
„ mes travaux et de mes sueurs, et actuelle-
„ ment que vous êtes en état de travailler,
„ vous allez, dites vous, errer dans les bois!
„ commencez par payer vos dettes; après
„ quoi nous verrons . . . . quoi! lui eussent
„ dit ses frères indignés, voilà dix ans, au
„ moins, que vous vivez de nos travaux com-

„ muns; et maintenant que vous nous devez
„ tout, vous croyez n'avoir rien à nous rendre!

VIII. Chez les sauvages, le chef de la
cité, plus laconique dans ses expressions,
lui eût fait appliquer vingt coups de nerf
de-boeuf, en le renvoyant à l'ouvrage. Il
en eût fait appliquer autant à tous les phi-
losophes qui enseignent: *que les enfans ne
doivent plus rien à leurs parens quand ils sont
en état de marcher tout seuls....* et il eût
empéché le bouleversement du monde! malheureusement, de nos jours, j'ignore qui
appliquera la correction, puisque tout, jusqu'aux souverains, croit à ces dispersions
primitives. *)

IX. Voila l'indissolubilité des corps civils complètement prouvée; mais comme
nous sommes accoutumés à soutenir nos preuves de raison par l'argument décisif de l'ex.

---

*) *J. J. Rousseau disc. sur l'origine de l'inégalité.*
Tous les auteurs conventionnels répètent partout
les mêmes absurdités. Partout on y parle d'indépendance, et partout il se trouve des chefs, des
caciques, des seigneurs, des rois. Partout on y
parle de dispersions, et par tout il se trouve que
les hommes les plus sauvages vivent en famille et
quelquefois vingt familles dans une seule cabane.
V. Robertson et autres.

périence, défions les partisans des dispersions de citer un seul trait d'histoire en leur
faveur. En effet, que citeront-ils?

D'anciens auteurs tels qu'*Homère*, *Aristote et Platon* qui disent que leurs pères vivoient au milieu des bois, *sans lois, indépendans*? c'est précisément la confirmation
de ce que nous disons. Certes, un premier
habitant qui arrive dans un pays couvert de
bois, est bien obligé de s'établir au milieu
des bois. Telle fut l'origine des grecs et des
peuples germains, comme on le verra dans
la question suivante. . Ce premier père est
encore *sans lois*, puisqu'il est sans maître;
indépendant puisqu'il est sans supérieurs. Il
est souverainement maître, souverainement
indépendant. Tous les chefs de cités épar-
ses dans ces bois sont de même. N'est-ce
pas là ce que nous avons dit de ces premiers
pères? mais parce que ces familles naissantes, qui deviennent ensuite des cités, sont
au milieu des bois, s'ensuit-il que les individus dont elles se composent vivent dispersés dans les bois? . pas plus que les habitans *de Paris*, ne vivent dispersés dans le
bois de Boulogne, et que les cités voisines
de la forêt noire ne vivent dispersées dans
la forêt noire. Parce que ces cités primitives étoient séparées par des bois, s'ensuit-il
que les habitans étoient séparés? et parce
qu'elles étoient indépendantes les unes des

autres, s'ensuit-il que les enfans étoient indépendans de leur père? qu'on lise attentivement ces auteurs. Tout jusqu'aux *Cyclopes*
vit en famille au milieu des bois: donc tous
ces auteurs sont pour nous. *)

X. Que citeront donc les adversaires?
l'éxil *de Caïn*, la célèbre dispersion de Babylonne?. Que prouvent ces deux traits
d'histoire?.. Ils prouvent 1. que jusques là
les enfans n'avoient pas quitté leur père universel. 2. Ils prouvent que, loin de vouloir
le quitter, étant petits, ils ne vouloient pas

----

*) Pour prouver la dissolution des sociétés naissan-
tes; il ne suffit pas de nous montrer des familles
au milieu des bois. Dans des pays couverts de
bois, il faut de toute nécessité défricher au milieu
des bois en arrivant; il faudroit nous montrer les
individus de ces familles errans dans les bois; c'est
ce qu'on ne fait pas. Il ne suffit pas de nous
montrer des familles indépendantes les unes des
autres; car les familles primitives séparées par des
bois et des vallons étoient indépendantes les unes
des autres à très-peu de distance; il faudroit nous
faire voir dans chaque famille les enfans indépendans de leurs pères et les pères subalternes indépendans de leur chef universel. C'est ce qu'on
ne fera pas sitôt, ce qu'*Homère Platon* et aucuns auteurs anciens ne nous disent pas.

même le quitter étant grands, ainsi ils prouvent encore plus manifestement que tous les
autres, l'impossibilité des dispersions.

Quand dieu exila *Caïn* de la cité paternelle, ce fut pour lui un coup de foudre.
Quand *Noé* eut ordre d'annoncer à ses descendans qu'il falloit se séparer, la consterna-
tion fut générale. Ce fut pour eux le déchi-
rement le plus cruel. Envain le chef avoit-il
signifié de partir, on ne partoit pas. Quand
on fut séparé du chef, ce fut une nouvelle
difficulté lorsqu'il fallut se séparer par grandes familles. Au lieu d'obéir, on se mit à
bâtir cette tour superbe qui devoit servir de
signal pour se tenir réunis. Les liens naturels qui unissent les hommes entr'eux sont
si forts que pour diviser cette grande société,
je ne dis pas par individus, mais seulement
par peuplades, il fallut une puissance infiniment supérieure à celle du chef. Si dieu
n'eût pas confondu les langues, jamais les
chefs de chaque branche ne se fûssent quit-
tés qu'après avoir versé des flots de sang,
parce qu'ils eûssent tous voulu rester à pro-
ximité de leurs habitations primitives. Il y
a plus, c'est que, malgré ces grands coups
d'autorité, ils ne partirent pas tous. On
eut beau faire. *Nemrod* resta avec sa famille
dans Babylonne, comme principal instigateur
de cette entreprise. Qu'on lise sur cette fameuse division *Epiphan*, *Joseph*, *Bochart*,

tous les historiens et commentateurs : tous
sont d'accord sur la difficulté d'effectuer cette
séparation, et la voix de la nature est parfaitement d'accord avec ces auteurs. Quand
il est question de quitter son père, son champ,
sa patrie, une habitation déjà riche et bien
approvisionnée pour aller défricher des bois
et de vastes déserts, que n'en coûte-t-il pas !
Mais ce qu'il en coute pour ces séparations
forcées confirme l'impossibilité des séparations libres ; et la difficulté de se diviser
par peuplades démontre qu'on ne se dispersa
jamais par individus.

XI. D'après cela, on ne sera plus surpris de voir *Mr. de Buffon* et tous les bons
observateurs de la nature traiter cet état de
dispersion *d'état idéal.* On ne sera plus surpris d'entendre *les Titius, les Hornius* et autres le rejetter comme un conte absurde, *velut commentum explodendum :* on ne sera plus
surpris si *les Bossuet, les Fénelon* et tous les
bons auteurs que nous avons cités nous mon-
trent toutes les sociétés primitives vivant ensemble *sous l'autorité d'un seul grand père :*
on ne sera plus surpris si l'auteur de la
science de la législation traite de sophistes
misantropes, ceux qui supposent avant l'état
civil *un état de nature semblable à celui des
sauvages :* on ne sera plus surpris d'entendre
Mr. de Voltaire assurer *que jamais on n'a
trouvé d'hommes errans à l'aventure à la ma-*

nière des animaux: on ne sera plus surpris d'entendre l'auteur du cathéchisme philosophique soutenir, que jamais les premiers hommes n'eurent besoin de se réunir, par la raison bien simple qu'ils ne furent jamais dispersés et qu'ils vivoient tous ensemble, *comme une grande famille sous les yeux du premier père.* *)

XII. La séparation domiciliaire des enfans n'entraîna donc pas la dissolution de la

---

*) Quand la cité primitive de chaque pays fut très-nombreuse, on sait bien qu'elle se sépara par branches et par grandes familles qui formèrent de nouvelles cités sous l'autorité de leurs pères et de leurs chefs. C'est entre ces petits chefs et leurs cités qu'il s'éleva des guerres, des combats et des divisions, qui finirent enfin par des réunions, comme nous le verrons dans la question suivante; c'est là *l'état d'anarchie* ou tombèrent les hommes quand ils furent multipliés, comme le disent tous les auteurs; mais des peuplades qui se divisent ne sont pas des individus qui se dispersent: des peuplades indépendantes les unes des autres ne sont pas pour cela indépendantes de leur chef et un état d'anarchie ou chaque cité a son chef, n'est pas un véritable état d'anarchie. (*Tous les auteurs que nous citons se trouveront dans chaque question à la fin des principes* V, pag. 124.

société civile; au contraire, ce fut elle qui
y donna naissance. A mesure que les premiers enfans se mariérent, on leur dressa
une tente à part: on se sépara d'habitation,
et voilà tout; mais cette nouvelle habitation
tenoit à la première par tous les liens possibles du besoin, de la nécessité, de la justice et de l'intérêt. Jamais, dans quelque
pays que ce soit, les membres de la première
famille ne purent parvenir à l'état d'indépendance. Dans l'enfance, la foiblesse même,
il leur fut impossible de vivre sans secours:
quand ils furent élevés, outre leurs dettes
réciproques, ils devoient à leur père quinze
années de travaux: quand il leur prit envie
de se marier, ils n'avoient pas de quoi s'é-
tablir, le père n'avoit pas de quoi les établir
totalement lui-même: une tente, de la paille,
quelques meubles grossiers; voilà le premier
partage: la promesse de les nourrir eux et
leurs enfans pendant un tems convenu pour
leur travail; après quoi quelques bestiaux
pour salaire: voilà les premières conditions.
Il y avoit loin delà à tout l'attirail indispensable pour monter une terre ou une métairie.
Père, mère, femme et enfans, il fallut de
toute nécessité servir très-long-tems. Et
sous quel maître? ... Il n'y avoit point à
choisir puisqu'il n'y en avoit encore qu'un
seul dans tout l'univers, et ensuite qu'un seul
dans chaque pays.

XIII. Il est vrai qu'à mesure qu'il avoit des fonds, le père émancipoit ses premiers enfans. Pour pouvoir défricher à leur tour, il leur fournissoit des hommes, des bestiaux, des instrumens, leur assignoit de vastes terreins; mais tant qu'ils restoient dans le même pays, c'étoit toujours à titre de redevance, sous la condition formelle que la nouvelle habitation fourniroit aux frais communs, et il le falloit bien, puisqu'il falloit maintenir les partages. Le nouveau terrein un fois en valeur, les liens civils n'en devinrent que plus forts. On ne s'avisa pas de quitter une terre fertile pour aller courir dans les bois. Sous la tente comme dans la métairie, c'étoit le père qui restoit le maître; c'étoit lui qui faisoit les parts, qui dictoit les conditions: et ces conditions étoient des loix: de-là l'origine des loix civiles bien antérieure à la formation des peuples.

----

§. II.

Origine des loix civiles.

1. Le droit de domaine a tant de force, disent sans exception tous les publicistes qu'il peut-être transféré dans les mains d'un autre par la volonté seule du maître. *Ea vis est*

dominii, ut voluntate domini in alium trans-ferri possit; tant de force que, pour effectuer cette translation, il n'est pas nécessaire que cette volonté soit formelle, il suffit qu'elle soit interprétative: *si quis voluntatis suae nullam edidit testationem, ejus esse bona intelliguntur, cujus ea esse voluisse defunctum, maxime est probabile;* tant de force que dès qu'on a deviné la volonté du maître, on sait à qui appartient le droit: *defunctorum voluntatem intellexisse pro jure est;* tant de force, que la mort ne le détruit pas, et qu'en vertu de la volonté formelle où interprétative du maître, quand le bien subsisteroit dix mille ans après lui, il est de droit certain et incontestable que l'héritier ne sera censé faire qu'une seule et même personne avec le défunt: *hoeredis personam, quoad dominii tam publici quam privati continuationem pro eadem censeri personâ, certi est juris.* (Grotius de jure belli et pacis, lib. 2. cap. 7 et ailleurs.) Ces principes sont généralement avoués.

II. Dans la disposition civile des droits, c'est la volonté du maître qui fait tout; sans elle, rien: sans elle, la chose peut passer en d'autres mains, mais le droit n'y passe pas et n'y passera jamais. Dès que je suis le maître exclusif d'un bien, je le donne à *Pierre ou à Jacques*, je vous le prête ou je vous le vends: je vous le transmets sous con-

ditions ou sans conditions: vous ne le possédez que parce que je le veux et comme je le
veux, par cette raison seule que j'en suis le
maître: *Ea vis est dominii ut voluntate domini in alium transferri possit.*

III. Mais si le droit de domaine et de
propriété a tant de force dans la main de
tous les maîtres, quelle force n'eut-il pas
dans le premier occupant d'un pays quelconque, et par dessus tout dans le premier propriétaire de l'univers. Sans loix, sans bor-
nes, sans concurreus, personne ne pouvoit
lui disputer son droit et son indépendance.
Maître absolu, maître universel, tout dépendoit exclusivement de ses volontés. Cette
tente, ces bleds, ces bestiaux, ce terrein,
cette fille que vous désirez avoir pour épouse; tout est à moi. Pour avoir tout cela il
faut que je vous le donne: quand vous l'au-
rez obtenu, vous le tiendrez de mes volontés; ma volonté sera le titre unique de vos
possessions. De là le gouvernement civil:
les loix naquirent nécessairement avec les
premiers partages, ou plutôt les premiers
partages furent nécessairement des loix. *)

---

*) Si je suis le premier occupant d'un pays, le champ
   que j'y défriche, les enfans auxquels je donne le
   jour, les bestiaux que j'éleve; tout est à moi de
   droit naturel; si quelqu'un veut toucher soit à mes

IV. *La loi civile*, dans sa nature et dans son essence constitutive n'est donc ni *la volonté générale*, ni une aggrégation de suffrages, ni le résultat d'une délibération populaire, comme l'ont dit les auteurs conventionnels. Jamais on ne pouvoit en donner une idée plus fausse et plus terrible pour les

gens, soit à mes propriétés, j'ai droit de le lui défendre, et de le punir de mort s'il n'obéit pas. *Voilà le gouvernement naturel* ou le gouvernement de famille, principe de tous les gouvernemens. Dès que j'ai donné une partie de mon champ, de mes gens ou de mes bestiaux à un seul de mes enfans, je défends par cela même à qui que ce soit d'y toucher. C'est pour lui *une propriété civile* parce qu'elle commence à former la cité, et *une loi civile* puisque je défends à toute ma cité de toucher à mes partages. *Voilà le gouvernement civil.* Dès que le père primitif de chaque pays eut fait les parts à ses enfans, le gouvernement civil exista : ainsi il fut partout infiniment antérieur à l'existence des peuples. Or chez les sauvages les plus grossiers, il y a eu essentiellement des fondateurs, des legislateurs, des usages sur les meubles, sur les mariages, sur la guerre, la chasse, la pêche, les partages, les successions. *V. Robertson, Volney, l'hist. gén. des voyages par l'abbé Prévost.* etc.

ropriétés. Si par impossible, la loi pouvoit
tre la volonté des sujets, ce seroit toujours
coup sûr une loi de brigandage. Consultez tous les soldats d'une armée sur ce qu'ils
veulent et laissez les les maîtres, vous verrez qu'ils ne voteront pas pour combattre:
consultez tous les ouvriers d'une maison sur
ce qu'ils veulent et laissez les maîtres, vous
verrez qu'ils ne voteront pas pour travailler;
consultez tous les individus d'un peuple sur
ce qu'ils veulent et laissez les les maîtres,
vous verrez qu'ils ne voteront pas pour se
gêner. Pourquoi donc voteront-ils? pour
piller les biens de ceux qui en ont et en as-
sassiner les maîtres. La loi est un joug oné-
reux qui répugne essentiellement à nos volontés, puisqu'il faut en exiger l'exécution
par la crainte des châtimens; ainsi il est impossible qu'elle soit l'ouvrage d'aucune volonté subalterne: et s'il est des loix justes
sous toutes les formes de gouvernemens, c'est
précisément parce qu'il est impossible qu'elles soient le résultat de la volonté des peuples. Partout où l'on a voulu livrer la loi
à la volonté générale, on a renversé le monde: et partout où on a défini la loi, *la volonté générale*, on en a donné la plus désastreuse de toutes les définitions.

V. La loi civile n'est pas non plus un
rapport nécessaire qui dérive de la nature
des choses; comme le disent *Mr. de Mon-*

tesquieu et plusieurs autres auteurs. Je ne vois point de rapport nécessaire entre la moitié de mon bien et celui à qui je le donne. Jamais la loi civile ne doit se trouver en opposition avec la loi naturelle sans doute : elle n'en doit pas franchir les limites ; mais elle n'en suit pas nécessairement les rapports. Dans mes arrangemens civils, si la loi naturelle me défend de toucher au bien d'autrui, elle ne me défend pas de toucher au mien, et elle ne me prescrit pas d'en disposer nécessairement de telle ou de telle manière : elle me laisse libre. Dans la disposition d'un bien dont je suis le maître suprême, la loi naturelle elle même ne me donne point d'autre régle que mes volontés. Toute définition qui m'assujettit à d'autres volontés, est une définition fausse. *Ea vis est dominii ut voluntate domini in alium transferri possit.*

VI. *Qu'est-ce donc que la loi civile?* qu'est-elle dans son essence constitutive ? c'est la volonté suprême d'un premier propriétaire qui fait de son bien ce qu'il juge à propos. C'est *le legs, le testament, l'esprit éternel et indestructible du fondateur dans la disposition raisonnable de ses droits.* C'est conséquemment la volonté juste et raisonnable *d'un législateur universel* qui oblige *l'universalité* des volontés à lui obéir. *)

------

*) Quand j'ai acquis des propriétés par mes travaux,

VII. Et voilà dans le fait ce que c'est qu'une *loi fondamentale.* Les loix fondamentales d'un état ne sont point du tout, comme on l'a dit et comme on l'a cru, *les arrêtés généraux d'une nation.* En vérité, cette subversion générale de notions fait frémir…. *Les loix fondamentales d'un* état sont les arrêtés immuables du fondateur d'un état, ce qu'il avoit statué irrévocablement comme premier souverain avant l'existence de la nation même.

VIII. Tous ceux qui n'ont jamais entendu parler que d'arrêtés du peuple trouveront cette doctrine bien étrange!…. C'est bien

---

dieu défend à tout l'univers d'y toucher sous les peines les plus terribles. Ainsi la loi de dieu contrarie *la volonté générale des hommes.* Quand j'ai donné une partie de mon bien à un de mes enfans; je défends d'y toucher sous peine de mort. Ainsi la loi civile contrarie nécessairement *la volonté générale des hommes.* La loi est donc toujours essentiellement opposée *à la volonté générale*, puisque le bien de chaque particulier est naturellement un sujet de convoitise pour tous ceux qui ne l'ont pas, et que la loi leur défend à tous de le prendre. Livrer la législation au voeu du plus grand nombre, c'est donc bouleverser la nature et livrer toutes les propriétés au pillage,

une preuve que leur erreur est ancienne, mais ce n'en est pas une que notre doctrine soit nouvelle. La vérité est qu'elle est aussi ancienne que le monde, qu'elle existoit avant tous les sistêmes, que c'est la seule qui puisse être prouvée et solemnellement con.statée par tous les monumens de l'univers.

IX. Qu'on ouvre tous les livres de droit: qu'on demande aux publicistes généralement estimés: *qu'est-ce que la loi?* définissent-ils, la loi de dieu, *la volonté générale des hommes*, la loi civile *la volonté générale des sujets?* disent-ils que la loi emprunte sa force de la volonté des inférieurs? ... Dans l'univers, dans l'église, comme dans la cité; partout, *c'est un législateur suprême qui oblige par sa volonté la communauté qui lui est soumise à l'acceptation même de ses loix.*

Et quel fut dans l'origine le premier législateur de chaque cité? ce fut évidemment le premier père. Qu'on se transporte dans un pays où il n'y ait encore qu'une seule génération: qu'on examine bien qui est-ce qui va faire les premiers partages et conséquemment les premières loix? on verra que ce sera *le père.* Qu'on interroge la raison sur les cités déjà formées, qu'on lui demande qui est-ce qui fit originairement les premiers partages et conséquemment les premières loix? elle répondra que ce fut *le père.* Si l'on fait la même question aux historiens de chaque région? ils répondront que ce fut *le père.* Si l'on s'adresse à tous les auteurs que nous avons déjà cités; ils répondront que ce fut le père. *A mesure que chaque père se saisissoit d'un nouveau pays,* dit Mr. de Fénelon, *il le partageoit entre ses enfans.* C'étoit lui qui étoit *le juge, le législateur né* de la cité naissante, disent les autres. Enfin, qu'on fasse la même demande à tout l'univers? . . Tout l'univers répondra hautement que, dans l'origine, ce ne furent point les enfans qui firent les parts au père, ce fut très-certainement *le père* qui fit les parts aux enfans . . . Aussitôt qu'il y eut une seule n ⸱⸱t faite d'une manière légale, perpétuelle, ⸱⸱aire, le père défendit par cela même à qui que ce soit d'y toucher sous peine de mort: et c'est ainsi que dès la première de toutes ses loix il obligea la communauté toute entière. *)

----

*) *La loi,* dans son essence constitutive, est donc la volonté juste et permanente d'un maître suprême et universel qui oblige tous ses sujets à lui obéir. C'est *un législateur général* contre *la volonté générale:* c'est là l'idée qu'en donnent tous les publicistes, *praeceptum principis justum, stabile* etc. Ces dispositions ne sont *légales* qu'autant qu'elles sont *perpétuelles, testamentaires,* faites pour subsister après la mort du législateur. Dieu

X. Mais quand ce père fit les parts à ses enfans, comment les fit-il? . . Comme il le voulut. Quelle régle suivit-il dans ses partages? la régle qu'il voulut, il en fut le maître. Dans la distribution libre de son bien, ce ne fut point une égalité chimériq e de droits qui n'existoit pas, qui détermina ses volontés. Ce fut le rang, la naissance, l'estime, la pitié, la joie et mille autres motifs de cette espèce. ,, L'un, dit *Mr Rollin dans* ,, *son hist. ancienne*, sensible à la naissance ,, d'un fils qui le premier l'avoit rendu père,

---

lui-même a donné le nom *de testament* à toutes ses loix. Quand est-ce qu'un souverain a droit de porter ses loix sous peine de mort? c'est quand il est question de défendre la vie de ses sujets. Tous ceux qui en veulent aux personnes, aux biens, aux propriétés de ses sujets en veulent définitivement à leur vie. Dès lors le souverain a le droit de les déclarer *ennemis de l'état*, de leur défendre d'y toucher, et de les condamner à mort s'ils n'obéissent pas: et c'est ainsi que toute loi regarde généralement, non seulement tous les sujets d'un pays, mais tous les hommes en général, puisque le souverain peut même déclarer la guerre à tous les étrangers qui veulent toucher à une seule propriété, et les faire mettre à mort, s'ils tentent d'exécuter leurs projets d'envahissement.

„ songea à le distinguer parmi ses frères
„ par une portion plus considérable de ses
„ biens et par une autorité plus grande dans
„ sa famille ; un autre plus attentif aux in-
„ térêts d'une épouse qu'il chérissoit, ou d'u-
„ ne fille tendrement aimée qu'il vouloit
„ établir, se crut obligé d'assurer leurs droits
„ et d'augmenter leurs avantages. De ces
„ différentes vues et d'autres pareilles sont
„ nés les différens usages des peuples et
„ les droits des nations qui varient à l'in-
„ fini. “ Si l'on ajoûte à cela la différence
du sol, du climat, des productions, on aura
la cause de la variété infinie des loix, des
coutumes, des usages des différens peuples.

XI. Cette variété infinie, comme on le
voit, ne naquit ni de la différente combinaison des suffrages, ni de la différente volonté des peuples qui n'existoient pas, elle
naquit tout simplement de la différente volonté des fondateurs. Parmi ces fondateurs,
il y en eut qui, pour la conservation du patrimoine, donnoient les deux tiers à l'aîné,
d'autres la moitié, d'autres leur manoir. Ceux-
ci donnoient une portion de terre à perpétuité, d'autres la donnoient à vie : d'autres,
comme on le voit dans *Tacite* sur les Germains, ne donnoient des terres que pour un
an, après quoi elles rentroient au fonds
public. Les uns admettoient les filles à partager ; d'autres ne les y admettoient pas . .

Tout ce qu'il y a de certain, c'est que, dès les premiers partages il y eut des loix et qu'il y en eut nécessairement dès le premier mariage. D'où s'ensuit ce raisonnement bien simple : selon le témoignage *de Mr. Rollin* et de tous les bons auteurs qui sont remontés, comme lui, à l'origine des choses. Dès l'origine les premiers partages furent des loix, et ces premiers partages furent évidemment antérieurs aux peuples: ils furent l'ouvrage du premier père ou du premier propriétaire de chaque pays. Donc, selon le témoignage *de Mr. Rollin* et de tous les bons auteurs qui sont remontés à l'origine des choses, dans sa nature et dans son essence constitutive, *la loi civile* n'est pas le voeu du peuple, ce sont tout simplement, comme nous l'avons dit, les volontés suprêmes et testamentaires du premier propriétaire de chaque pays, qui fit de son bien ce qu'il jugea à propos, long-tems avant la formation des peuples: et cette origine des loix est l'origine *de toutes les propriétés civiles.* *)

---

*) *La propriété naturelle* estce que chacun acquiert par les loix invariables de la nature, comme son corps, son âme, ses enfans, tout ce qu'on gagne personnellement par ses soins et par ses travaux etc. *La propriété civile* est ce qui nous a été légué par nos ancêtres ou par d'autres, conformé-

XII. Parce qu'un premier propriétaire peut faire de son bien ce qu'il juge à propos, s'ensuit-il que ceux en faveur de qui il en dispose puissent en faire autant? non sans doute. Il est de l'essence des dernières volontés d'être immuables. Quoique les lois civiles varient selon les différens pays, cependant dans chaque pays la loi est *une, permanente, invariable.* C'est parce que je suis le premier propriétaire d'un pays que j'en dispose comme je le veux; mais c'est parce que j'en suis le premier propriétaire, que les propriétaires subséquens ne peuvent rien changer à mes dispositions. Et en ma-

---

ment à la volonté du fondateur universel. La première nous vient de la volonté de dieu, la seconde nous vient de la volonté des hommes. La première est fondée *sur la loi du législateur universel du monde.* La seconde est fondée *sur la loi du législateur universel qui fonda la cité.* Le premier propriétaire de chaque pays eut d'abord *des propriétés naturelles.* Dès qu'il eu eut disposé en faveur de ses enfans, ces dispositions devinrent pour ses enfans *des propriétés civiles.* La propriété naturelle précéda la propriété civile; mais elles naquirent toutes deux long-tems avant l'existence des peuples du vivant du fondateur.

M 2

tière de gouvernement, c'est une des observations les plus importantes. Certes, dans
l'univers en général, comme dans chaque
pays en particulier, il y eut nécessairement
un premier occupant et conséquemment un
premier maître, mais il ne put y en avoir
qu'un seul. Ce premier maître, par cela seul
qu'il étoit le premier, fut souverainement
maître, souverainement indépendant ; il ne
tenoit ses possessions que de l'auteur de la
nature ; mais il fut le seul qui tînt immédiatement ses possessions de l'auteur de la nature : jamais il n'y en aura d'autre. Si je
suis ce premier propriétaire, mon domaine
souverain est à moi et à moi seul, j'en peux
faire ce que je veux, le transmettre à qui je
veux ; je suis le maître en vous le transmet-
tant d'y imposer toutes les conditions que
je veux ; mais en apposant ces conditions à
la possession de mon bien, je lie par ma
volonté suprême et irrévocable la volonté
subalterne de tous les possesseurs. Si je vous
donne ce morceau de terre sous la condition
expresse que vous le transmettrez à vos descendans, vous ne sauriez en disposer en
aucune manière au détriment de vos descendans ; si je veux que les aînés en ayent les
deux tiers, les aînés en auront les deux
tiers ; si je veux que tous vos enfans partagent également, il faudra que vous les par-
tagiez également ; si je vous laisse la liberté

d'en vendre les deux tiers, vous pourrez en vendre les deux tiers. Si je vous laisse la liberté d'en disposer en maître, vous pourrez en disposer en maître: vous possédez parce que je l'ai voulu, comme je l'ai voulu. Vous ne sauriez altérer mes volontés sans aller contre vous-même.

XIII. Si les conditions que j'appose à la possession de mon bien étoient injustes, je sais très-bien que mes successeurs auroient le droit de les rectifier. Si ces conditions devenoient impossibles, je sais très-bien même qu'ils auroient le droit de les changer. Mais pourquoi auroient-ils le droit de les changer? par cette raison décisive que je ne peux les obliger qu'à des choses justes, possibles et raisonnables; que ce qui devient injuste ou impossible, cesse, par cela même, d'être *une loi*. Si j'éxistois encore et que je me trouvâsse dans la position de mon successeur, d'après les règles de la justice et de l'équité, n'est-il pas visible que je serois obligé de me comporter comme il se comporte lui-même? oui sans doute. Dès lors en se comportant, comme je me comporterois, il est visible qu'il ne va pas contre mes intentions. Au contraire, il les exécute. Organe toujours subsistant de mes volontés, il est évident qu'il peut vouloir tout ce que je voudrois, faire tout ce que je ferois, changer tout ce que je changerois, si

je me trouvois dans les circonstances où il
se trouve. Voilà la règle de tous les changemens. Mais ne pouvant être que l'organe
toujours subsistant de mes volontés, il est
également évident qu'il ne sauroit changer
que ce que je changerois, vouloir que ce que
je voudrois; que ma volonté éternelle, invariable, toujours interprétée selon l'équité,
sera la règle indestructible des volontés de
mes successeurs, dans les améliorations et
dans les changemens eux-mêmes. *)

---

*) Améliorer des lois, les rectifier, en retrancher les
vices et les défauts, ce n'est pas s'écarter de l'esprit du fondateur, c'est le suivre. Pourquoi cela?
parce que, comme le disent les publicistes, un
homme mort est toujours censé avoir voulu et
vouloir encore ce qu'il y a de plus équitable et
de plus avantageux. *Creditur autem in dubie
id quisque voluisse quod aequissimum ac ho-
nestissimum est.* Nous ne changeons pas vos
cou   disoit *Charlemagne* aux peuples des
différens pays de sa domination, nous les amélio-
rons. Qu'on s'en souvienne bien : c'est le fondateur de chaque pays qui fut la source de tout,
c'est son esprit qui est la règle de tout. On ne
sauroit s'en écarter, même dans les changemens.
De-là l'inviolabilité des propriétés. *La propriété
naturelle* est garantie par la loi naturelle ou la

XIV. Parce que les lois civiles varient à l'infini, il ne s'ensuit donc pas qu'elles puissent jamais attaquer la nature des choses. Dès qu'elles l'attaquent, il faut promptement les réformer, sans quoi elles entraîneront la ruine des gouvernemens.

XV. Parce que les lois civiles varient à l'infini, il ne s'ensuit pas qu'elles puissent jamais blesser les règles de l'équité et de la justice. Parce que je suis le maître de disposer de mon bien, il ne s'ensuit pas que je puisse disposer du bien des autres. ,, Ce ,, seroit une chose absurde, dit *Burlamaqui*, ,, de prétendre que des lois une fois faites ,, doivent subsister toujours, quelqu'incon- ,, vénient qui en arrive. " Toute loi qui attaque les propriétés doit être promptement réformée, sans quoi ce sera une source perpétuelle de révolutions et de malheurs.

XVI. Enfin parce que les lois civiles varient à l'infini, il ne s'ensuit pas qu'elles soient variables. Si je suis le fondateur d'une cité, aussitôt que j'ai prononcé sur les partages, ce que j'ai statué est statué, ce que j'ai prescrit est prescrit. Toutes les nouvel-

---

volonté éternelle de dieu. *La propriété civile* est garantie par la volonté éternelle du fondateur; le législateur actuel n'a le droit de toucher ni à l'une ni à l'autre.

les lois que l'on fera après moi, selon la belle expression du plus judicieux de nos écrivains, *le président Hénault*, ne doivent plus être que *des écoulmens des anciennes*. Dans dix mille ans, si ma cité subsiste encore, mon esprit vivra encore, ma volonté suprême et indestructible planera sur toutes les volontés de mes successeurs et les courbera devant elle. Il faudra dans les réformes elles-mêmes, qu'ils se conforment à mes intentions. Elles sont indestructibles. *)

---

*) Cette maxime sublime du président Hénault: *l'autorité ne doit tirer les lois nouvelles que comme des écoulemens des anciennes*, renferme en deux mots l'idée juste qu'on doit se former des lois civiles et toutes les vérités tutélaires de l'ordre social. Ce n'est point au peuple à porter les lois, *c'est à l'autorité*. L'autorité ne doit point en créer de nouvelles, *mais les tirer des anciennes*. La loi civile n'est point la volonté des hommes vivans sujets à mille caprices, agités de mille intérêts, livrés à l'effervescence de mille passions: *c'est la volonté d'un homme mort*, impassible; volonté toujours juste; toujours interprétée d'après les principes rigoureux de la droiture et de la raison. Ce n'est point la volonté du législateur actuel, c'est la volonté suprême du fondateur, dont le législateur actuel n'est que l'organe et l'in-

XVII. Et c'est-là dans le fait ce qui fait *la stabilité des lois.* Si j'ai reçu de mes an-cêtres les deux tiers ou la moitié d'un bien, ce fut le premier propriétaire qui le voulut ainsi; si l'on anéantit ses volontés, me voilà dépouillé, je n'ai plus de titre. Dès qu'on touche aux coutumes et aux usages d'un pays quelconque, tout est bouleversé: pourquoi cela? parce qu'on touche aux volontés pri-mitives du fondateur, et que c'est sur cette volonté que reposent, depuis l'origine, toutes les dispositions.

XVIII. „ Si l'on vous demande pour-
„ quoi vous occupez tel terrain, pourquoi
„ vous possédez tel bien, vous répondrez que
„ c'est parce que je l'ai voulu. C'est là vo-
„ tre titre, vous n'en avez pas d'autre. " Voilà ce que dit à chacun le fondateur, lors-qu'il fit les premiers partages, *) Aussitôt

____

terprète toujours subsistant. Voilà la définition, la base, la stabilité des loix: sans cela il n'y en a pas.

*) Parce que toutes les terres vagues d'un pays n'ont pas été partagées par le fondateur, croire qu'on ne peut plus les partager: parce qu'on y a mis pa-turer des bestiaux, croire qu'on en a acquis la propriété, c'est renverser, non-seulement l'esprit du fondateur, mais la loi naturelle elle-même. Si le fondateur ne partagea pas d'abord tout le pais,

que le fondateur eut déclaré ses volontés, il fallut les expliquer, les interpréter, les soutenir les armes à la main, voler au secours des opprimés, punir ceux qui transgressoient cette volonté suprême. *Voilà le gouvernement civil;* comme cette volonté étoit universelle, quand la population s'étendit, qu'il y eut plusieurs cités, il fallut constituer des juges, des représentans et des magistrats. Comme ces dispositions étoient éternelles, en cas de mort sur-tout, il fallut constituer des successeurs pour perpétuer les titres des propriétés. Le maintien des lois entraîna *la nécessité des constitutions.* Et qui est-ce qui constitua? ce fut celui qui avoit fait les lois. Qui constitua-t-il? qui il voulut. Comment constitua-t-il? en vertu de ses volon-

____

il est visible que ce fut faute de monde, et s'il permit qu'on mit des bestiaux dans les terres vagues, ce fut en attendant qu'on eût des cultivateurs. Jamais une paisible possession ne put devenir légale avec le tems. Ces grandes communes qui restent sans culture quand elles peuvent être cultivées, sont de grands abus. Ce que le fondateur n'a pu partager, il veut que ses successeurs le partagent. Ce sont ses organes, ses substituts, ses représentans: ils sont tenus de faire pour le bien et l'amélioration du païs tout ce qu'il n'a pas fait de son tems.

tés : parce qu'il avoit la souveraineté, et qu'il en étoit maître. Ici, comme partout ailleurs, si nous sommes d'accord avec la nature, tout l'univers doit se trouver d'accord avec nous. Commençons par les preuves de raison.

---

§. III.

Origine des constitutions civiles.

1. **S**i, en ma qualité de fondateur et de premier propriétaire, je peux transférer mon droit de domaine à qui je veux, par la raison que j'en suis le maître, je suis encore bien plus complétement le maître de transmettre à qui je veux *ma souveraine autorité*, par la rai que j'en suis bien plus complétement le propriétaire. Je n'ai engendré ni les terres, ni les bestiaux du pays que j'ai peuplé, mais j'ai engendré les hommes. Ils sont extraits de mon propre sang, formés de ma propre substance. Il n'y a point de propriété pareille. Si dans la translation de mon souverain domaine, la naissance ou la primauté de naissance ne donnent aucuns droits, ils en donnent encore bien moins dans la transmission de mon autorité souveraine. Si je suis l'auteur souverain d'une cité quelconque, *la souveraineté* est à moi et à moi seul: jamais aucun autre que moi ne

pourra la posséder par droit de nature. J'en suis absolument et exclusivement le maître; et si j'en suis absolument et exclusivement le maître, je peux constituer qui je veux; je n'ai d'autre régle que mes volontés dans la disposition de mon autorité souveraine. *)

II. Mais si, dans la disposition de mon autorité souveraine, je n'ai d'autre régle que mes volontés; si je peux constituer qui je veux; que diroit-on d'un homme qui raisonneroit ainsi? ceux qui descendent en ligne

---

*) *Qu'est-ce que constituer?* c'est conférer la souveraineté. Le fondateur fit des loix quand il partagea ses biens : *voilà l'origine des loix civiles.* Il ne constitua que quand il se donna des successeurs et qu'il leur légua sa souveraineté. *Voilà l'origine des constitutions* bien différente de celle des loix. Mais comment constitua-t-il? parce qu'il étoit constitué *de droit naturel,* ses enfans avoient-ils sa souveraineté *de droit naturel?* parce qu'il avoit acquis la souveraineté par l'acte de la génération, la conféra-t-il a ses successeurs par l'acte de la génération? enfin le fondateur étoit-il le maître de sa souveraineté, ne l'étoit-il pas? voilà la question importante que *J. J. Rousseau* n'a pas entendue, et qu'il étoit difficile d'entendre, sans savoir ce que c'est que *la souveraineté.*

—

directe et par les aînés des premiers chefs
du genre humain ne sont pas souverains:
donc les premiers chefs du genre humain ne
l'étoient pas. Que dira-t-on quand on saura
que ce raisonnement est *de J. J. Rousseau:*
que ce raisonnement *de J. J. Rousseau* a sé-
duit la presque totalité de l'univers, et que
c'est d'après ce raisonnement qu'on a brisé
toutes les constitutions, bouleversé toutes les
formes de gouvernemens?

III. Ces assertions étonnent peut être;
eh bien! qu'on ouvre le contrat social; qu'on
lise le chap. II. on y verra *J. J. Rousseau,*
non-seulement refuser aux premiers chefs *la
souveraineté*, mais s'en moquer, mais s'en
railler comme d'un conte puéril, mais dé-
daigner même d'en parler; par la raison que
leurs descendans ne l'ont pas. „ Je n'ai rien
„ dit du roi *Adam*, ni de l'empereur *Noé*,
„ père de trois grands monarques qui se
„ partagèrent l'univers, dit cet auteur: je
„ crois qu'on me saura gré de ma modéra-
„ tion. Car descendant en ligne directe d'un
„ de ces princes, peut être de la branche
„ aisnée, que sais-je, si par la vérification
„ des titres, je ne me trouverois pas *le roi*
„ *légitime du genre humain?* „

IV. Plaisantera qui voudra *le roi Rousseau* sur son illustre descendance et sur ses
hautes prétentions à la souveraineté du monde par les titres de ses aïeux: pour nous

qui avons contre les erreurs *de J. J. Rous-seau* d'autres armes que la plaisanterie, nous marchons droit au but, pour l'attaquer dans sa supposition même. A son grand étonne-ment sans doute, nous le proclamons, fran-chement et sans hésiter, descendant en droite ligne et par la branche aînée d'un des pre-miers chefs du genre humain ; et nous atten-dons ses conclusions! . . qu'en conclura-t-il?*)

---

*) On conviendra que dans cette ironie *le roi Rous-seau* est plus risible que *le roi Adam.* Du côté de l'extraction *Adam et Noé* remontent un peu haut: et quand par impossible, l'autorité univer-selle dont ils furent très-certainement revêtus eût été due à la naissance, on riroit toujours de voir l'auteur du contrat social réclamer cet héritage au droit de ses aïeux! c'est d'ailleurs la démonstra-tion la plus complette que *J. J. Rousseau* n'a jamais su ce que c'est que *la souveraineté; une autorité souveraine* qui s'étendroit à tous et qui descendroit en ligne directe jusqu'aux derniers nés, par le canal de la naissance, est la dernière de toutes les absurdités. Toutes les autorités natu-relles qui se trouvent aux derniers rangs de chaque nation ne sont pas *souveraines* et ne peuvent pas l'être, puisqu'elles sont en bas. Aveuglement pitoyable sur le mot *autorité!* . .

V. Puisque nous prétendons que les premiers chefs étoient souverains de droit naturel, il en conclura que la souveraineté lui
est due : ou, ce qui revient au même : puisque nous prétendons que la souveraineté dérive des pères, il en conclura qu'elle est due
aux enfans. Beaucoup de monde le croira
avec lui : et d'après cette conception super-
ficielle, on laissera tranquillement *J. J. Rous-*
seau ravir à nos pères le droit de constituer
pour le transporter dans la main des peuples : et nous, nous conclurons de ce raisonnement qu'on ne sait point ce que c'est que
constitutions, et que *J. J. Rousseau* ne le savoit pas plus que les autres.

VI. Si la souveraineté dérive originairement des pères, on en conclud qu'elle est due
aux enfans de droit naturel ! . . Mais nous,
nous raisonnons d'une manière bien opposée . . . C'est précisément parce que la souveraineté vient des pères, que nous soutenons qu'elle n'est point due aux enfans : c'est
précisément parce que la souveraineté appartient aux pères, *de droit naturel*, que nous
prouverons qu'ils en étoient les maîtres ;
qu'ils pouvoient constituer qui ils vouloient.
C'est précisément parce que la souveraineté
vient originairement des pères que nous mettons en fait que *J. J. Rousseau* ne pourra
jamais prétendre à la souveraineté des premiers chefs d'après sa supposition même.

VII. Non, nous le répétons *à J. J. Rous-seau*, et à tous ceux qui ont partagé son erreur . . . Nous le répétons, parce que cette question doit décider du point de droit le plus mal saisi, et cependant le plus impor-tant pour l'ordre social. Non, la supposi-tion fût elle vraie dans tout ce qu'elle con-tient ; d'après la plus sévère vérification des titres, fût-il constaté: que *J. J. Rousseau* fût, non-seulement des premières familles de Génève, mais des premières maisons de l'u-nivers ; non-seulement issu des rois, mais des premiers de tous les rois, fût-il tout ce-la! . Nous le disons rigoureusement ; il ne seroit encore *ni le roi légitime du genre hu-main*, ni l'héritier né d'un grand empire. Cet-te puérile ironie, la honte de celui qui l'a faite et l'opprobre de ceux qui s'en sont lais-sés éblouir, suffiroit elle seule pour prouver ce que peuvent de grands talens sans princi-pes et tout un siècle de lumières sans ré-fléxion. *)

---

*) Si le fondateur avoit la souveraineté de droit natu-rel, on croit que ses enfans devoient aussi l'avoir de droit naturel; c'est une erreur　C'est au con-traire parce qu'il avoit la souveraineté de droit na-turel que ses enfans ne l'avoient pas: c'est parce qu'il étoit *l'auteur universel* de la cité que ses enfans ne l'étoient pas, et ne pouvoient pas l'être.

VIII. Il est des droits tellement propres, tellement personnels, tellement appartenans à celui qui les possède, que, ne les devant à qui que ce soit, il peut les transmettre à qui il juge à propos, sans que qui que ce soit puisse le trouver mauvais. Tels furent dans l'origine, tous les droits du premier propagateur, et *son droit de paternité* lui fut encore infiniment plus propre, infiniment plus personnel que tous ses autres droits .. Par leurs soins et par leurs travaux, les enfans peuvent acquérir des droits à une portion des biens de leurs pères ; mais au partage *de son autorité paternelle*, cela est impossible. Aucun d'eux n'a pu partager l'acte par lequel il est devenu leur auteur : c'est un acte qui leur est antérieur, qui est essentiellement au-dessus d'eux et qui n'a pu émaner d'aucun d'eux.

IX. Les enfans peuvent engendrer et devenir auteurs à leur tour ; mais toutes ces autorités partielles laissent au-dessus d'elles *l'autorité suprême du père*, sans l'altérer et l'anéantir. Quelqu'étendue qu'elles puissent acquérir par la multiplication, jamais elles

---

C'étoit parce qu'il avoit la souveraineté de droit naturel qu'il fut la source, l'origine et le seul maître des constitutions, qu'il put disposer en maître de ses droits souverains.

n'auront l'étendue de l'autorité dont elles émanent, et elles en seront toujours parfaitement distinguées. Par la constitution elle seule de la nature, l'aîné des enfans est *le chef universel* de la branche aînée, chacun des cadets *le chef universel* d'une branche cadette. Etant séparés de leur père, ils peuvent devenir *souverains* de leur postérité, et ils le seront de droit naturel; mais aucun d'eux, fût ce l'aîné, n'a autorité sur ses autres frères, ni conséquemment sur leurs descendans. Le père primitif lui seul a *autorité universelle* sur toutes ces autorités, domaine universel sur tous ces domaines: voilà ce qui constitue *la souveraineté;* de manière que, quelque système qu'on imagine, et quelque supposition que l'on fasse, jamais il n'a pu et jamais il ne pourra y avoir qu'un seul souverain naturel à la tête de chaque cité naissante. *)

---

*) Qu'on fasse bien attention à ceci: *l'autorité paternelle* est tellement propre au père, *l'autorité universelle* tellement propre à l'auteur universel, *l'autorité souveraine* tellement propre à l'auteur souverain, qu'elle ne passe pas même à leurs premiers enfans par le canal de la naissance; elle ne peut leur passer que civilement et par donation. Ils n'en sont point les héritiers par droit de nature, ils ne peuvent l'être que de droit civil.

X. De ce principe lumineux et fondamental que l'esprit le plus ordinaire peut saisir, que s'ensuit-il? il s'ensuit que quelque
fraction que l'on fasse, et à quelque degré
qu'on prenne l'arbre du genre humain, *l'autorité paternelle* est essentiellement antérieure
à celle des enfans, supérieure à celle des
enfans, plus étendue que celle des enfans,
universelle relativement aux enfans, et si
elle n'en a pas au dessus d'elle, *souveraine*
de celle des enfans. Il s'ensuit que cette autorité paternelle, universelle et souveraine,
le père ne la tient d'aucun de ses enfans;
elle n'appartient à aucun de ses enfans; il
ne la doit à aucun de ses enfans. Ils ne
sauroient ni la lui donner par leur soumis-

De même qu'il n'a jamais pu y avoir qu'un seul
auteur universel à la tête du genre humain, jamais
il n'a pu y avoir qu'un seul auteur universel à la
tête de chaque branche, un seul à la tête de chaque cité, un seul à la tête de chaque division. Jamais dans chaque cité il n'y a eu que lui qui ait
eu *l'autorité universelle* et conséquemment la
souveraineté de droit naturel. Tous ses successeurs
ont été des souverains civils et après lui jamais
il n'y en aura d'autres. Ce principe est infiniment
important pour suivre le cours des autorités à travers les révolutions.

N 2

sion, ni la lui ravir par leur révolte, ni la recevoir par le canal de la génération. Elle est au père et au père lui seul. Elle lui reste après qu'il a engendré, puisque c'est par la génération qu'il l'a acquise. Par nature, ses enfans n'y ont aucun droit: *il en est le propriétaire suprême et exclusif:* et toute espèce de bien qui est à moi seul, auquel mes enfans n'ont aucun droit, dont je suis le propriétaire suprême et exclusif, je peux le léguer, le vendre, le partager, le transmettre à d'autres qu'à mes enfans, en faire tout ce que je veux, j'en suis absolument le maître. Voilà sur toutes les successions, sur celle de la souveraineté sur-tout, ce que nous crient avec le bon sens le droit naturel et civil. *)

XI. D'après cela que devient le raisonnement captieux de l'auteur du contrat social? comment a-t-il pu en imposer si facile.

---

*) Des enfans, par voie de génération, reçoivent bien de leur père leur sang, leur personne, leur substance, tout ce qu'il faut pour engendrer à leur tour : et c'est en cela qu'ils sont *ses héritiers naturels.* Ils ont une émanation de l'autorité paternelle, mais le père en conserve la plénitude : ils en tirent une autorité partielle et subordonnée; mais l'autorité universelle sur toutes les branches reste au père.

ment à tant de lecteurs ? quoi! parce que je n'ai plus les terres de mes ancêtres, qu'ils en ont volontairement disposé pour d'autres, mes ancêtres ne les eurent pas autrefois? quoi! parce que je ne suis pas de droit naturel le premier auteur du monde, le monde n'a point eu de premier auteur? et parce que *J. J. Rousseau* n'a pas été souverain par droit de nature, le chef universel du genre humain ne le fut pas? c'est d'après ce raisonnement péremptoire qu'on a brisé tant de constitutions, forgé tant de systêmes, transporté la souveraineté dans la main des peuples!

XII. On se croit dans un siècle de lumières, la vérité est qu'on marche dans les ténèbres. On se donne pour de profonds observateurs, et les observations les plus simples nous échappent. On se flatte de tout savoir, et l'on n'avoit pas encore observé que *l'autorité universelle* d'un père ne passe pas aux enfans par le canal de la naissance; qu'après leur naissance, jusqu'à ce qu'ils soient mariés, les enfans n'en ont qu'une radicale, que celle qu'ils acquièrent étant mariés (devint-elle souveraine relativement à leurs descendans) n'est pas l'autorité naturelle de leur père; que l'autorité paternelle reste au père, non-seulement après la naissance de ses enfans, mais qu'elle lui reste jusqu'à la mort, et qu'on ne peut l'avoir qu'autant qu'il la donne.

XIII. *Vous n'avez rien dit des premiers chefs du genre humain de peur d'en descendre par les aînés,* dirons nous à l'auteur du contrat social . . Et quand vous en descendriez par les aînés de ces premiers chefs, qu'en concluriez-vous ? — *vous craindriez d'être leur héritier naturel !* . . Mais jamais qui que ce soit n'a hérité naturellement de la souveraineté de son père — *vous craindriez que leur souveraineté ne fut descendue jusqu'à vous par le canal de la naissance !* . Elle ne descendit pas même jusqu'à leurs enfans; elle ne descendit pas même jusqu'à leurs aînés par le canal de la naissance. et si elle ne descendit pas même jusqu'à leurs aînés par le canal de la naissance, comment voudriez-vous qu'elle fût descendue jusqu'à vous? *)

---

*) Quoique des enfans n'héritent pas naturellement *de l'autorité universelle* du père souverain, cela n'empêche pas qu'ils ne reçoivent de lui par le canal de la naissance *une autorité universelle* par laquelle ils peuvent devenir à leur tour souverains de leurs descendans et souverains très naturels. Chaque rameau de l'arbre social peut devenir un nouvel arbre et un arbre aussi naturel que le premier. Mais pour devenir un nouvel arbre il faut qu'il soit séparé du tronc et transplanté dans un

XIV. *Vous n'avez rien dit des premiers chefs du genre humain !* non sans doute: mais pour quelle raison n'en avez-vous rien dit? ce n'est point du-tout de peur d'être leur héritier; ce n'est point du-tout de peur de vous trouver par droit de nature *le roi légitime du genre humain;* dans le fait, vous n'avez pas craint d'être souverain de droit naturel. Mais ce que vous avez craint souverainement, c'est que les premiers chefs du genre humain ne le fûssent. , Car si une fois les premiers chefs du genre humain étoient souverains, dès lors ils pouvoient constituer; dès-lors ils pouvoient conférer la souveraineté à leurs successeurs sans avoir besoin d'assemblées; dès-lors adieu tous vos contrats, toutes vos conventions et tous vos systêmes. C'étoit là le point décisif. A l'ap-

---

autre pays. Tant qu'il reste attaché au tronc de l'arbre paternel, il n'en forme qu'une branche et ne fait qu'un seul arbre avec lui. Des enfans peuvent donc hériter *naturellement* de la souveraineté, mais ce n'est pas *de la souveraineté du père.* Ils peuvent avoir *naturellement* une autorité universelle, mais ce n'est pas *l'autorité universelle du père.* Avec leur autorité universelle ils ne sauroient succéder au père ni gouverner sa cité *de droit naturel.* Ils ne peuvent lui succéder que *de droit civil.*

parition seule de cette souveraineté inquié·
tante, tous vos ouvrages tomboient d'eux-
mêmes : tous vos plans régénérateurs étoient
frappés du vice radical de nullité: c'est pour
cela *que vous n'avez rien dit de ces premiers
chefs ;* c'est pour cela que vous eûssiez voulu les anéantir. C'est pour cela que vous
avez tremblé à la seule idée de cette souveraineté importune.

XV. Dans le vrai, *J. J. Rousseau* n'a-
voit pas tort. *Cet auteur universel* qui reste
imperturbablement par ordre de la nature à
la tête du genre humain, qui reparoit après
le déluge, qui se trouve à la tête de chaque
branche, qui se retrouve à la première occupation de chaque pays et qui précéde par
tout la formation des peuples est un être
fort incommode. Pour transporter dans la
main des peuples l'origine des constitutions,
il faudroit s'en défaire, et on ne s'en défait
pas au moyen d'une ironie; on s'en défait
encore moins avec une réticence: en disant
qu'on n'en parle pas, on en parle: et quand
on n'en parleroit point du tout, il n'en reste-
roit pas moins à sa place; et *J. J. Rousseau*
à la sienne ; *les titres de ses ayeux à la main,*
totalement déchu de son héritage; dans l'impossibilité absolue de se faire donner la souveraineté, ni par le peuple qui ne l'a pas,
ni par le souverain naturel qui ne la lui doit
pas : quand il en descendroit par les aînés

et quand il épuiseroit son vaste génie à créer des suppositions.

XVI. Voilà donc, malgré tous les so-phismes de cet auteur, les chefs du genre humain restés possesseurs très paisibles de leurs droits naturels. Voilà même l'auteur universel de chaque branche et de chaque cité maintenu dans la jouissance bien tran-quille de son autorité universelle sur ses des-cendans, la tenant de son titre seul d'auteur universel, ne la devant à personne, pouvant la conférer à qui il voudra, mais dans l'im-possibilité absolue de la conférer à qui que ce soit ni par l'acte de la génération, ni par aucuns moyens naturels! — *donc il ne l'a pas?* — mauvaise conséquence ... Donc il l'a: donc elle n'est pas passée à ses enfans par le canal de la naissance: donc c'est un droit qui lui est propre, qui lui est person-nel: donc il peut en disposer en maître, la léguer à qui il voudra par l'acte seul de ses volontés: voilà ce que nous crie la raison sur le droit de souveraineté: appartenant par droit de nature à l'auteur universel de chaque branche et de chaque cité, *cet au-teur universel* put constituer qui il jugea à propos et laisser la même liberté à ses suc-cesseurs. *Ea vis est dominii, ut voluntate domini in alium transferri possit.*

XVII. Maintenant, ouvrons l'histoire et voyons rapidement si les faits se trouvent d'accord avec la raison. Qu'on remonte partout *à l'auteur universel:* dans l'histoire sainte, on verra *Caïn* et tous les grands chefs primitifs, après avoir été constitués par leur père, constituer leurs enfans sur diverses cités. Après le déluge on verra les chefs des diverses colonies qui se dispersent dans l'univers constitués d'abord *par Noë,* se donnant ensuite librement des successeurs: on verra les patriarches, dès leur vivant, constituant leurs enfans sur leur postérité future, assignant à chacun le rang qu'ils doivent tenir, établissant en maîtres *Jacob* avant *Esau, Ephraim* avant *Manassé.* On verra *David* constitué d'abord par dieu lui-même disposant en maître de sa souveraineté et préférant *Salomon* a *Adonias.*

Dans la fable on verra *Jupiter* constitué d'abord par son père, distribuant à ses enfans des sceptres et des empires et les établissant *pasteurs de différens peuples.* Dans l'histoire profane, on verra *Ninus* constitué d'abord par son père laissant son sceptre a *Sémiramis* qui le transmet ensuite *à Ninias.* En Egypte on verra *Sésostris* constitué d'abord par ses pères, constituer en maître sur les régions qu'il a conquises. En Perse on verra *Cyrus* après avoir laissé la couronne *à Cambyse* donner volontairement de vastes domaines *à Tanaxare.* En Phénicie, dans la Grèce, dans l'Italie, on verra tous les premiers souverains, se donner librement des successeurs, diviser leurs royaumes, distribuer leurs sujets en diverses colonies qu'ils donnent à gouverner soit à leurs enfans, soit à d'autres princes; et les fondateurs de tous les nouveaux états en font encore autant de nos jours dans les pays les plus barbares. Dans l'origine, pas une seule constitution faite par les peuples. En remontant de souverains en souverains partout on verra les constitutions prendre leur source *dans l'auteur universel*, long-tems avant l'existence des nations; et il le fallut bien: celui - là seul, dans l'origine, put conférer *l'autorité universelle*, qui la possédoit par droit de nature. Or *l'auteur universel* de chaque peuple fut le seul qui possédât *l'autorité universelle* par droit de nature. Donc, dans l'origine *l'auteur universel* fut le seul qui pût faire des constitutions . . . Mais dès qu'il possédoit *l'autorité universelle* par droit de nature, il put la conférer à qui il voulut, il en fut parfaitement le maître. *Ea vis est dominii ut voluntate domini in alium transferri possit.* *)

----

*) L'arbre social est d'une fécondité inépuisable. A quelqu'endroit qu'on le coupe, à chaque branche, à chaque petit rameau on trouve un chef naturel; il y en a un à la tête de chaque tribu, il y en

§. IV.

Quest-ce qu'une constitution?

1. *Quest-ce donc qu'une constitution?*.. Ce n'est ni le résultat d'une convention, ni la cession impossible des droits des sujets, ni la volonté générale d'un peuple: quand cette définition ne seroit pas hautement démentie par l'histoire, c'est bien, au flambeau seul de la raison, l'idée la plus absurde et la plus désastreuse qu'on en pût concevoir.

La plus absurde, parce que, comme nous l'avons prouvé dans la première partie,

---

a un à la tête de chaque peuple et chaque chef naturel est essentiellement universel relativement à ses descendans. Il n'est pas un seul individu qui transplanté dans un autre pays ne puisse y devenir *l'auteur universel* d'un nouveau peuple, et dès qu'il possédera *l'autorité universelle* par droit de nature, il pourra, par lui et ses successeurs constituer des souverains sur ses descendans, soit qu'ils forment de nouveaux établissemens dans le pays, soit qu'ils forment des colonies pour aller s'établir ailleurs. Dans tous les cas *l'autorité universelle et civile* viendra de lui. Jamais elle ne viendra de l'absurde universalité du peuple.

il est impossible que l'autorité vienne de l'universalité des sujets . . . *La plus désastreuse*, parce que, si par le fait le pouvoir de constituer se trouvoit dans la main des sujets, il n'y auroit plus rien de stable dans les gouvernemens. Si les soldats d'une armée étoient les maîtres de se donner des officiers, ils en changeroient tous les jours. Si les ouvriers d'une maison étoient libres de se donner des maîtres, ils n'en trouveroient pas un bon. Si les individus d'un peuple pouvoient destituer ceux qui les gouvernent, ce seroient de perpétuelles révolutions. Pourquoi cela? parce que celui qui gouverne maintenant pésant nécessairement par la loi sur ceux qu'il gouverne, ils se promettroient sans cesse un meilleur sort sous celui qui ne les gouverne pas.

II. Dans sa nature et dans son essence constitutive, une constitution n'est donc point du tout le voeu d'un peuple; ce n'est point du tout la cession absurde et impossible des droits des sujets, sans quoi il n'y eût jamais eu une seule constitution dans le monde. C'est tout simplement *la volonté suprême du fondateur d'une cité* qui précéda de longtems l'existence des peuples: c'est *le legs, le testament, l'esprit éternel et irrévocable du premier propagateur d'un pays dans la disposition raisonnable de ses droits souverains.* C'est conséquemment la volonté *d'un auteur universel* constituant qui il veut sur *l'univer-salité* de ses inférieurs.

III. On a beaucoup écrit, disputé, divagué pour savoir ce que c'est qu'une constitution? c'est une chose bien simple: c'est la volonté du père universel d'un peuple.. Pour faire une constitution on a cru qu'il falloit beaucoup de plans, de discussions et de combinaisons!.. Point du tout: pour constituer il ne faut qu'une seule chose au monde. Il faut avoir par droit de nature *autorité universelle* sur une cité. Pour constituer, on a cru qu'il falloit beaucoup de monde, beaucoup d'assemblées, beaucoup de délibérations: point du tout: pour constituer, il ne faut qu'un seul homme au monde: le chef universel d'une cité.

IV. *Le chef universel d'une cité!* pas autre chose. Si je suis par droit de nature le chef universel d'une cité, je n'ai pas besoin de l'universalité de mes descendans pour créer la souveraineté, puisque je la possède par moi-même. Je n'ai pas besoin de l'universalité de mes descendans pour conférer la souveraineté, puisque je peux la conférer par moi même: je n'ai pas besoin de l'universalité de mes descendans pour me donner des successeurs, puisque je peux m'en donner par moi-même. Dès que j'ai la souveraineté par droit de nature, je peux la conférer en vertu de mes volontés, et c'est cette volonté suprême du chef civil conférant à d'autres sa souveraineté qu'on appelle *une constitution civile.*

V. Dieu est infiniment plus simple que nous dans toutes ses opérations: il se joue de tous nos embarras. Cette souveraineté que nous cherchons avec tant de peine dans l'universalité des sujets, il l'a placée dans un seul individu: et quand une fois cet unique individu possède la souveraineté de droit naturel, dieu veut qu'il constitue par l'acte seul de ses volontés . . *Un seul homme, une seule volonté:* voilà la cause efficiente de toutes les constitutions. *)

----

*) Pour constituer civilement il ne faut qu'une seule chose, il faut avoir *autorité universelle* sur une cité, et il n'y a jamais eu qu'un seul homme qui l'ait eue naturellement; c'est son *auteur universel* Donc dieu ne constitue pas tous les souverains? .. Non sans doute: dans chaque division du genre humain il ne constitua que le premier; mais en constituant ce premier, il n'en a pas moins constitué l'ordre civil. Il n'en a pas moins donné un chef civil à chaque peuple, puisque *l'auteur universel* devient essentiellement *civil,* et que son *autorité universelle* devient essentiellement *civile,* dès que ses enfans sont établis.

VI. *Y eut il essentiellement dans l'origine un chef universel à la tête de chaque division du genre humain?* voilà la solution de
tout, en fait de gouvernemens. S'il y en
eut un, comme on ne sauroit le nier, dès-
lors il faut que tout le monstrueux échafau-
dage des conventions s'écroule; nous n'avons
plus besoin pour constituer de l'absurde universalité des sujets. S'il y en eut un, comme
on ne sauroit le nier, dès-lors il faut que
tous les sophismes disparoissent. S'il y en
eut un *de droit naturel*, il n'est pas nécessaire que celui-là engendre encore des souverains naturels, il n'est pas nécessaire qu'il
ait encore des successeurs de droit naturel.
Pour conférer une souveraineté, il ne faut
pas cinquante souverainetés. Si dans l'origine il y eut essentiellement un chef universel à la tête de chaque division du genre
humain, dès-lors nous soutenons qu'il n'en
faut plus d'autre, nous soutenons qu'il ne
peut plus y en avoir d'autre; nous soutenons
que qui que ce soit ne pourra plus être constitué qu'en vertu de la volonté suprême et
indispensable de ce chef universel.

VII. Mais aussi dès qu'il est prouvé
que ce chef universel eut la souveraineté de
droit naturel, nous soutenons avec tous les
publicistes, nous soutenons avec les adversaires eux-mêmes, que sa volonté suffit; nous
soutenons que, dès que sa volonté est mani-

festée, connue ou même devinée, la constitution est faite, la souveraineté se trouve
réellement et efficacement transportée. Nous
soutenons que jamais aucune translation de
droits, que jamais aucune constitution ni
publique, ni particulière ne s'est faite d'une
autre manière: *Ea vis est dominii ut voluntate domini in alium transferri possit.*

VIII. En effet, quand vous vendez vos
terres, que vous constituez sur elles d'autres
propriétaires, ou seulement des fermiers et
des cultivateurs; que vous leur transportez
vos droits en totalité ou en partie pour neuf
ou dix ans, ou pour toujours: comment leur
transportez-vous vos droits sur vos terres?
est-ce par l'acte de la génération? *n'est-ce
pas par l'acte seul de vos volontés?* cependant
ces droits se trouvent transmis à d'autres et
tellement transmis que dans mille ans, si
vos terres existent encore, vos droits passeront de main en main, en vertu de vos volontés, jusques aux derniers acquéreurs.

IX. Quand vous vendez ou vos chevaux
ou vos bestiaux, que vous constituez sur
eux d'autres maîtres, ou seulement des pâ-
tres ou des conducteurs, que vous leur con-
férez votre droit de maître ou à perpétuité,
ou pour une année ou seulement pour un
mois, comment leur conférez-vous votre
droit? est-ce par l'acte de la génération?
n'est-ce pas par l'acte seul de vos volontés?

que diriez-vous d'un homme qui ne comprenant pas comment les droits d'un maître peuvent, par l'acte seul de ses volontés, se trouver transportés dans d'autres mains, feroit un livre inintelligible pour prouver que ce sont les moutons assemblés qui sont convenus de préposer sur eux des bergers? *)

X. *Dira-t-on que ce ne sont pas là des droits d'autorité?* eh! qu'importe? puisque ce sont des droits, et qu'il s'agit de constitutions. Si vous êtes père et que vous vouliez constituer sur vos enfans des maîtres ou des précepteurs, soit pour une heure, soit pour une année, soit pour quinze ans, comment leur conférez-vous votre autorité? *n'est-ce pas par l'acte seul de vos volontés?*

---

*) Quand on n'a rien de réel à donner, la volonté ne donne rien. Mais quand on a des hommes, des terres, des bestiaux, la volonté suffit; on peut donner et la chose et les droits qu'on a sur la chose. *En vertu de ses volontés,* dieu put confier à David et son peuple et les droits qu'il avoit sur son peuple. . Noé put confier à d'autres et ses descendans et les droits qu'il avoit sur ses descendans. Un père peut confier à un précepteur et ses enfans et l'autorité qu'il a sur ses enfans. Un propriétaire peut vendre à un autre et sa terre et les droits qu'il a sur sa terre etc.

quand on a acquis des droits naturels sur
un objet, y a-t-il deux manières de les transmettre? cependant d'après l'acte seul de vos
volontés, ces maîtres et ces précepteurs
commandent et défendent, récompensent et
punissent, ils sont physiquement et réellement constitués. Vous voulez qu'ils soient
respectés chacun dans leurs fonctions, comme vous le seriez vous-mêmes, et effectivement ils doivent l'être. Pourquoi cela? parce qu'étant investis de votre autorité, ils
sont *vos représentans et vos images*. Comment se sont opérées toutes ces constitutions?
est-ce par l'acte de la génération? est-ce par
la volonté générale de vos enfans? celui qui
oseroit enseigner une pareille morale dans
votre maison n'en seroit-il pas chassé comme
un vil perturbateur? c'est vous qui constituez et qui destituez, qui admettez et qui
renvoyez, par la raison que vous êtes maître.

XI. Ce que vous faites dans votre maison, l'auteur universel le fit dans sa cité. Il
eut l'autorité souveraine par droit de nature;
il constitua en vertu de ses volontés, et par
l'acte seul de ses volontés, ceux qu'il constitua furent constitués. Investis de sa souveraineté ils purent commander et défendre,
récompenser et punir; ils furent strictement et
rigoureusement *ses représentans et ses images.**)

---

*) Le premier propagateur de chaque pays a été con-

XII. *Mais*, dira-t-on, *si le fondateur fût mort sans proclamer son successeur, que fût-il arrivé?* s'il n'eût pas fait cette proclamation de son vivant, on l'eût forcé de la faire du fonds de sa tombe.

Dans l'origine, il étoit moralement impossible qu'un chef universel mourût sans désigner son successeur. Il étoit trop intéressé à l'indiquer et toute sa cité étoit trop intéressée à le connoître. Mais quand, par une supposition moralement impossible, il n'eût pas manifesté formellement ses volontés de son vivant, on les eût interprétées après sa mort et sa souveraineté n'en eût pas moins été transférée par sa volonté interprétative elle seule.

---

stitué naturellement par l'acte seul de la génération, conséquemment par la loi et la volonté de dieu. *Voilà la constitution naturelle* source de toutes les constitutions. Ce chef naturel une fois constitué par la loi de dieu, constitue par l'acte seul de ses volontés : *voilà l'origine des constitutions civiles.* Mais avant de constituer des successeurs, ce chef naturel étoit déjà *chef civil*, il avoit déjà *autorité civile et universelle* sur sa cité, sans quoi il ne la conféreroit pas. Sans lui et sa volonté soit formelle soit interprétative il ne se fera jamais une seule constitution.

XIII. Quand je dis que le chef universel de chaque cité fut le maître de ses droits, je ne prétends donc pas qu'il fût le maître de ne pas constituer et de laisser ses descendans sans souverains. Puisque le gouvernement est indispensable, aussitôt qu'il ne put plus gouverner, il fallut de toute nécessité qu'il constituât. Mais puisque c'étoit lui qui étoit le maître de la souveraineté, quand il fut question de constituer, je dis que ce fut lui qui constitua, que ce ne fut pas le peuple, que la constitution se fit par sa volonté, qu'elle ne se fit pas par la volonté du peuple ; je dis que lui seul put constituer, que le peuple ne le put pas.

XIV. Puisque le gouvernement est indispensable, aussitôt qu'il ne put plus gouverner, il fallut de toute nécessité qu'il constituât : mais quand il fut question de constituer, *qui constitua-t-il?* qui il voulut, son aîné ou ses cadets, ses enfans ou des étrangers, il en fut le maître. ... Et quand il constitua, *sur qui constitua-t-il?* sur ses descendans présens et futurs. S'ils existent dans dix mille ans, ce sera de sa souveraineté que seront investis ceux qui gouverneront alors. Et quand il constitua, *combien de monde constitua-t-il?* tant qu'il le voulut, un ou plusieurs, vingt ou cinquante, selon qu'il le jugea à propos. Et quand il constitua, *comment constitua-t-il?* comme il le voulut. Quoiqu'il fut nécessité de constituer, le fondateur de chaque cité fut le maître absolu de constituer à sa manière, par la raison décisive que le fondateur de chaque cité fut le maître absolu de ses droits.

§. V.

Variété et stabilité des constitutions.

1. De-là *la variété des constitutions.* Comme celle des lois, cette variété infinie ne vient ni de la différente volonté des peuples, ni de la différente combinaison des suffrages: elle vient de ce que le fondateur de chaque cité constitua à sa volonté et à sa manière. L'un voulut que sa souveraineté fût partagée, l'autre voulut qu'elle restât à un seul: celui-ci voulut qu'elle échût à l'aîné, l'autre voulut choisir parmi ses enfans celui qui lui conviendroit le mieux et laissa la même liberté à ses successeurs. L'un admit les femmes et les filles à sa succession, l'autre les en exclut. Généralement parlant, dans chaque pays, comme le remarquent fort bien les publicistes, les lois sur la succession au trône étoient à peu près les mêmes que les autres lois pour les successions particulières. Pourquoi cela? parce que c'étoit le même

législateur qui les avoit portées. . En *Germanie*, en *Bourgogne*, en *Bretagne*, en *Italie*, chaque pays avoit sa constitution, et quoique, dans l'origine, il n'y eût encore que des constitutions monarchiques, il y avoit variété parmi ces constitutions. *)

II. Parce que le fondateur de chaque cité put constituer comme il le jugea à propos, s'ensuit-il que ses successeurs purent en faire autant? non sans doute. Si l'on n'a pas le droit de toucher aux lois fondamentales qui réglent le partage des biens du pays, on a encore bien moins le droit de toucher aux lois constitutionnelles qui règlent la transmission de la souveraineté, par la raison décisive que la souveraineté est un droit bien plus personnel que le droit de domaine. Certes à la tête de chaque section du genre humain, il y eut *un auteur universel;* sans quoi ses descendans n'existeroient pas. Mais cet auteur universel fut le seul

---

*) Toutes ces constitutions sont-elles l'ouvrage de dieu ? non sans doute : c'est l'ouvrage de chaque fondateur. Mais c'est dieu qui constitua chaque fondateur, et c'est par ce fondateur qu'il constitue, c'est par lui qu'il confére *l'autorité :* ce n'est pas par le peuple. Ainsi l'autorité et la puissance civile viennent toujours de dieu dans toutes les constitutions.

à la tête de chaque section. Jamais après lui il n'y en a eu d'autre.

III. C'est parce qu'en ma qualité de chef naturel ma souveraineté est à moi par droit de nature, que j'en peux faire ce que je veux, mais c'est précisément parce qu'elle est à moi seul par droit de nature, que j'en peux disposer moi seul et que je peux lier par mes volontés toutes les volontés qui viendront après moi jusqu'à la consommation des siècles. Si vous deveniez souverain après moi, c'est parce que je le veux, comme je le veux, sous toutes les conditions que je vous impose. Si je veux que ma souveraineté passe à vos enfans, il faut que vous la fassiez passer à vos enfans; si je veux qu'elle reste uniquement à votre aîné ou au plus proche du sang, il faut malgré vous qu'elle reste uniquement à votre aîné ou au plus proche du sang. Tous ces individus qui ne sont pas encore nés, comme l'observent fort bien les publicistes, n'ont aucun droit à ma succession *de droit naturel;* non sans doute; mais ils y ont droit *de droit civil* en vertu de ma volonté suprême; et ils y ont tellement droit que tant que ma cité subsistera, il vous est impossible de leur en substituer d'autres. Pourquoi cela? parce que la souveraineté étant à moi seul *de droit naturel*, c'est moi qui leur lègue ma souveraineté; ce n'est pas vous.

IV. Je sais très-bien qu'en tout il en est *des constitutions* comme *des lois*. Si dans ma première constitution il m'étoit échappé quelque clause révoltante qui blessât évidemment les régles de la probité, de la droiture et du bon sens, il vous seroit très-permis de la rectifier, parce que je serois tenu de la rectifier moi-même. Je sais très-bien que si ma constitution devenoit impraticable; si par violence, par usurpation ou autrement, ma souveraineté ne peut plus passer à ceux que j'aurai désignés, il faudra bien, malgré vous, que vous cédiez à la nécessité. Parce que j'eusse été forcé d'y céder moi-même. Mais, dans les cas mêmes d'injustice et d'impossibilité, vous ne pourrez jamais faire que ce que je ferois, vouloir que ce que je voudrois et quand je serai censé le vouloir. Dans tous les cas, ce sera toujours mon esprit immortel qui sera la régle invariable de tous les changemens et de toutes les dispositions, et toutes les fois que vous vous écarterez de mon esprit, vos dispositions seront nulles. Par la raison décisive que *la souveraineté* que je vous ai léguée est à moi et non pas à vous.

V. Parce que le fondateur de chaque cité put constituer *comme il le voulut*, il ne s'ensuit donc pas qu'il put constituer contre nature. Il n'est pas de volonté humaine qui puisse lutter contre les lois du créateur. Dès

qu'une constitution quelconque renferme quelque vice essentiellement inconstitutionnel,
comme *la volonté générale, la souveraineté
du peuple, l'asservissement du législateur,*
et autre semblable, il faut se hâter de l'en
arracher, sans quoi le corps civil sera dans
des convulsions perpétuelles et finira par
périr, si l'impérieuse nature ne l'en débarasse
pas.

VI. Parce que le fondateur de chaque
cité put constituer *comme il le voulut*, il ne
s'ensuit donc pas qu'il put insérer dans sa
constitution des clauses injustes, comme *le
despotisme, la tyrannie, l'arbitraire dans les
lois.* Dès qu'une constitution quelconque,
renferme des clauses qui ébranlent la propriété naturelle ou civile dans ses fondemens,
il faut se hâter de les retrancher; sans quoi
ce sera une source perpétuelle de séditions
et de révolutions.

VII. De-là le vice radical *des constitutions écrites.* Toute constitution écrite et définitivement arrêtée dès sa naissance, qui ne
sauroit avec le temps se purger de ses vices,
de ses dangers et souvent de ses absurdités,
est le présent le plus terrible qu'on puisse
faire à un peuple. „ Les lois, en convenant
„ d'abord à l'enfance, dit *l'auteur de la thé-
„ orie politique*, ont la capacité de devenir
„ meilleures et de convenir ensuite aux pro-
„ grès. Ce sont des germes qui mûrissent

„ et se développent. Ce sont les mêmes lois,
„ mais leur application est plus étendue. “
Il en est de même *des constitutions.* Ce qui
suffisoit d'abord à vingt maisons, ne suffit
plus à vingt millions d'hommes. Ce qui convient à un état dans un temps, tel que le
partage d'un royaume, peut-être très-nuisible
dans un autre ... Tout être soit animal, soit
végétal qui pousse en une nuit et s'arrête
sur le champ, ne sauroit être ou qu'un avor-
ton ou qu'un monstre. Une constitution destinée à protéger un grand peuple doit croître
avec lui et déployer successivement ses rameaux. Celui qui la fait doit planter l'arbre, mais il doit lui laisser l'aisance de se
développer librement, de manière qu'on soit
toujours le maître d'ajouter, de retrancher,
d'élaguer et de réformer, d'y travailler encore deux mille ans après: c'est ainsi que se
sont formées toutes les bonnes constitutions.

VIII. Mais si l'on doit laisser au temps
le soin de perfectionner les constitutions,
jamais on ne doit laisser à qui que ce soit
la liberté de les changer. Elaguer l'arbre,
n'est pas l'arracher, et perfectionner une
constitution n'est pas la détruire. . Si la souveraineté seroit héréditaire, si elle seroit dé-
volue à l'aîné, si les femmes pourroient y
prétendre etc.? voilà ce que le fondateur dé-
créta. Voilà ce qu'on appelle *l'arche sainte,*
l'esprit et la volonté du fondateur. On peut

changer les bâtons de l'arche, en varier les ornemens, la placer sous une tente, dans une maison, ou dans un temple superbe; mais l'esprit du fondateur doit rester. Il est rigoureusement invariable, et si jamais on fait quelques changemens extérieurs, c'est toujours l'esprit inviolable du fondateur qui doit diriger dans les changemens eux-mêmes.

IX. Et c'est là dans le fait ce qui fait *la stabilité des constitutions.* Si, comme on le prétend dans le système conventionnel, la forme essentielle des gouvernemens dépendoit de l'esprit toujours versatile des peuples, quand les peuples voudroient en changer, qu'auroit-on à dire? „ Jusqu'ici nous „ avons voulu cette forme de gouvernement. „ Maintenant nous en voulons une autre. Au „ lieu d'une monarchie, nous voulons une „ aristocratie ; si l'aristocratie nous déplaît, „ nous voudrons une démocratie; après cela „ des gouvernemens mixtes, après cela nous „ changerons encore si nous le voulons, jus- „ qu'à ce que le gouvernement fasse nos vo- „ lontés, et comme il ne les fera jamais, „ nous changerons sans cesse. " Le principe une fois dépassé, il n'y aura plus de terme. On roulera de révolutions en révolutions.

Mais si revenu de ce principe faux, la vérité rentre enfin dans ses droits, si, comme cela est très-certain, on se persuade bien profondément que toute constitution prend

sa source dans la volonté du testateur, et
que le peuple veuille changer la forme du
gouvernement, le souverain qui gouverne répondra avec fermeté: „ Ma couronne n'est
„ point à vous, je la tiens de mes ancêtres
„ et mes ancêtres la tenoient *du fondateur.*
„ Je sais très-bien que ce fondateur étoit le
„ maître de m'appeller ou de m'exclure, de
„ me léguer la souveraineté ou de la léguer
„ à d'autres, mais enfin il me l'a léguée et
„ il me l'a léguée pour la transmettre à mes
„ successeurs. Exécuteur de sa volonté su-
„ prême je suis tenu de la défendre et de la
„ défendre jusqu'à extinction. En vertu de
„ la pleine puissance qu'il m'a confiée, j'or-
„ donne à mes armées de marcher; mes suc-
„ cesseurs en feront de même. Je ne saurois
„ signer ce que vous demandez et je le signe-
„ rois en vain, puisque le fondateur annulle-
„ roit mes dispositions. “ On sent de quelle
force est ce langage contre les peuples toujours disposés à porter atteinte aux constitutions.

X. Si ces principes sont les seuls qui
puissent défendre *la constitution* contre les
entreprises des peuples, ce sont aussi les
seuls qui puissent défendre *toutes les lois*
contre les entreprises des souverains. Car
si, comme on l'a déliré de nos jours, la loi
n'étoit autre chose que la volonté du peuple
manifestée par ses représentans, qui est-ce

qui empêcheroit ceux qui gouvernent aujour-
d'hui de la part du peuple de renverser et
la constitution et toutes les lois. La volonté
des législateurs étoit telle hier, elle est autre
aujourd'hui; elle sera encore différente demain, il n'y auroit plus rien de stable. Partout où les lois seront à la disposition des
hommes vivans, les propriétés seront livrées
à la voracité des passions, les propriétaires
à leurs poignards. Tout sera au pillage, et
plus les législateurs seront nombreux, plus
la législation sera terrible.

Mais si, comme cela est certain, *la loi*
n'est autre chose que la volonté du fondateur
manifestée par le souverain actuel, et qu'on
le croie, dès que le législateur voudra toucher aux lois de l'etat, le peuple dira respec-
tueusement, mais avec fermeté, à ses souverains: ,, ce n'est point vous qui avez fait les
,, lois et les premiers partages, c'est le fon-
,, dateur; il fut le maître de les faire comme
,, il le voulut, sans doute: mais enfin elles
,, sont faites. En vous léguant sa souverai-
,, neté, il m'a adjugé le manoir de mes pè-
,, res: organe toujours subsistant de ses vo-
,, lontés, vous pouvez porter de nouvelles
,, lois, mais vous ne sauriez aller contre les
,, siennes, et il vous est aussi rigoureuse-
,, ment défendu de toucher à ma propriété
,, qu'il m'est interdit de toucher à la vôtre. "
Cet esprit indestructible du fondateur mort,

source de tout, règle immuable de tout, des
changemens eux-mêmes, et qui reviendra
partout, est un principe trop fécond et trop
important pour en épuiser ici toutes les conséquences. *)

----

*) Partout la volonté du fondateur fut sacrée. Mais
la volonté du fondateur d'un gouvernement l'est
par-dessus tout. On ne sauroit y toucher ni y
changer un point sans tout ébranler, parce qu'on
touche au fondement des empires. Partages, lois,
propriétés, constitutions civiles, tout repose sur
cette base. C'est de ces loix fondamentales, dit
l'éloquent Bossuet, qu'il est écrit, qu'en les vio-
lant on ébranle tous les fondemens de la terre:
après quoi il ne reste plus que la chûte des empires . . . . C'est alors que les nations semblent
chanceler comme troublées et prises de vin.
L'esprit de vertige les possède et leur
chûte est inévitable, parce que les peuples out
violé les loix, changé le droit public . . . C'est
l'état d'un malade inquiet qui ne sait quel mouve-
ment se donner . . . On tombe dans cet état
quand les loix sont variables et sans consistance,
c'est-à-dire quand elles cessent d'être des loix . .
(*Polit. sacr. liv. 1. art. 4. prop. 8.*) Voilà
l'état terrible ou l'on tombera toutes les fois qu'on
quittera *l'esprit du fondateur* et qu'on livrera

§. VI.

Ordre des constitutions civiles.

1. Quand je dis que personne n'hérite naturellement de l'autorité universelle de son
père, je ne veux pas dire qu'un père ne doit
pas la léguer à ses héritiers naturels. *Le
tigre*, dans les bois, connoît la voix du sang.
Celui qui ne l'écoute pas est pire que les
tigres. Certes si j'ai des enfans ou de pro-
ches parens dans l'ordre de la naissance et
que j'aie quelque bien dont je puisse disposer, je n'irai pas le donner à des étrangers.
Ceux qui sont immédiatement émanés de ma
substance, qui sont l'objet immédiat de ma
tendresse, qui ont été les premiers compa-
gnons de mes soins et de mes travaux, *mes
héritiers naturels* enfin doivent être également
le premier objet de mes dispositions civiles
et volontaires. La voix du sang, l'ordre de
la nature, la solidité même des dispositions,
tout parle impérieusement en leur faveur.
Et si tout parle impérieusement en leur faveur
pour mes autres droits, tout parle encore
bien plus impérieusement en leur faveur *pour*

le pouvoir législatif aux caprices des hommes vivans.

la souveraineté. Déjà intéressés par leurs possessions au bien-être de ma cité, déjà investis par nature d'une autorité naturelle sur la portion nombreuse de descendans qu'ils ont engendrés, il est clair qu'ils ont plus de droit que des étrangers à leur respect et à leur obéissance. En ajoutant *mon autorité universelle* à la grande autorité qu'ils ont déjà, ces deux autorités naturelles réunies ensemble formeront un gouvernement bien plus ferme, bien plus solide, bien plus vigoureux. Il est toujours dur pour des enfans de voir un étranger s'asseoir au-dessus d'eux pour représenter un père qu'ils étoient nés pour représenter eux-mêmes. Tant que je serai le maître de disposer librement de ma souveraineté, il est clair que c'est l'ordre de la naissance que je suivrai dans mes dispositions, et c'est là l'ordre qu'on a du suivre dans toutes les constitutions libres, depuis le commencement du monde. *)

-----

*) Liberi haereditatem ut sibi debitam expectant, inquit Plutarchus .... Liberos cuique ac propinquos suos natura carissimos esse voluit, ait Tacitus. (Grotius cap. 7.) Ceux qui nous appartiennent de plus près sont 1. Ceux qui sont émanés directement de notre substance, conséquemment nos enfans. 2. Ceux qui sont émanés du père, tels que *nos frères, nos parens* etc.

II. Ainsi qu'on ouvre l'histoire, qu'on parcourre tous les fastes de l'univers; on verra les premiers pères et ensuite les premiers rois, grands ou petits, barbares ou civilisés suivre réguliérement l'ordre de la nature. S'agissoit-il d'un vaste pays qui fût susceptible de partage; ils le partageoient à tous leurs enfans qui devenoient souverains chacun dans leur partie. S'agissoit-il d'un domaine qui ne pût se partager sans inconvénient, ils le laissoient à l'aîné ou au plus proche du sang . . Et ce que firent les premiers chefs, c'est ce que firent leurs successeurs, c'est ce qu'ont fait après eux tous les monarques et tous les premiers souverains de l'univers. C'est ce que font les usurpateurs eux-mêmes quand une fois la souveraineté est définitivement passée dans leurs mains et qu'ils peuvent en disposer en maîtres. Rien ne nous touche de plus près que notre chair et ceux qui en sont formés. Ce qu'il y a de bien certain, c'est que, dans l'origine, toutes les constitutions furent non-seulement monarchiques, mais *héréditaires.* Ce qu'il y a de bien certain, c'est que la loi constitutionnelle qui assigne la succession *aux héritiers naturels* du souverain, si ses états sont dans le cas d'être subdivisés *à l'aîné* ou au plus proche du sang, s'il est plus avantageux qu'ils ne le soient pas, est, sans contredit, la première, la plus ancienne, la plus solide de toutes les constitutions, celle qui rend les peuples plus heureux, celle à laquelle on est toujours revenu, et à laquelle on reviendra toujours naturellement, quand on sera fatigué des troubles et des agitations inséparablement attachées aux constitutions electives.

III. Cependant quoique cette constitution soit sans contredit la première et la plus solide de toutes les constitutions, il ne s'ensuit pas que les autres soient illégitimes. Il faut bien distinguer entre ce que l'ordre de la nature conseille et ce que le droit naturel exige. Quoique mes enfans soient dans le fait les plus près *de l'autorité paternelle*, il est certain qu'ils ne l'ont pas. Quoique mon aîné soit dans le fait le plus proche de ma souveraineté paternelle, il est certain qu'il ne la possède pas. Si je suis le père de la cité toute entière, l'autorité civile est à moi seul. Pourvu que je laisse à chacun de mes enfans l'autorité partielle qu'ils ont naturellement sur ceux qu'ils ont engendrés, ils n'ont rien à dire. Avec la même liberté que je lègue mes droits à l'aîné, je peux les transmettre aux cadets, choisir indifférem. ment entre mes enfans, mes parens ou mes amis, constituer parmi eux qui je jugerai à propos, sans autre raison que ma volonté suprême, laisser la même liberté à mes suc. cesseurs. Pourquoi cela? parce que d'un bien qui est à moi seul et qui n'est commun à qui que ce soit, j'en suis parfaitement le maître. *)

IV. Aussi cette suprême liberté se montre-t-elle partout dans les dispositions civiles des premiers chefs. Je sais que tant qu'ils n'avoient pas quelque raison spéciale et déterminante, c'étoit, régulièrement parlant, à l'ordre de la naissance qu'ils s'astreignoient; mais cet ordre tout naturel et tout préférable qu'il est, ils le suivoient librement et volontairement: tout le monde sentoit qu'ils en étoient les maîtres. Qu'on ouvre l'histoire de tous les temps et de tous les pays: partout on y verra non-seulement les peuples, non-seulement les sujets, mais les reines, mais les enfans, mais les aînés eux-mêmes interroger le père sur sa souveraineté, attendre avec un respectueux silence quel sera celui qu'il constituera son successeur? et celui qu'il constitue est constitué, malgré la

---

*) Haec vero quanquam naturali conjecturae maxime sint consentanea, non sunt tamen jure naturae necessaria. (*Grotius lib.* 2. cap. 7.) Il est de toute convenance que nos droits personnels aillent *à nos héritiers naturels*, mais quand ils y vont, ils n'y vont pas naturellement *et necessairement*, ils y vont civilement et *volontairement*. Ainsi on pourroit absolument les donner à d'autres.

répugnance des mères, le mécontentement, des autres enfans et la réclamation des aînés eux-mêmes. Et ce que fit le premier chef, ses successeurs le firent avec la même liberté, tant que l'esprit du fondateur ne les en empêcha pas.

V. Il y a plus : c'est que si des raisons impérieuses me le commandent et que le fondateur ne me le défende pas, je peux vendre, céder échanger mes domaines en tout ou en partie.. Il y a plus, c'est que si la nécessité l'exige et qu'il me devienne impossible de faire autrement, je peux accorder aux grands ou au peuple le choix de mes successeurs, consentir pour un temps ou à perpétuité à une constitution *aristocratique ou républicaine*, transférer ma souveraineté dans des mains étrangères, au préjudice de mes héritiers naturels. Je sais que ces sortes de constitutions répugnent sensiblement à l'ordre de la nature, qu'elles ne sont venues qu'après de violens orages, qu'elles sont les dernières et les plus préjudiciables dans l'ordre des constitutions, que le fondateur ne peut jamais être censé y consentir que dans la plus extrême nécessité et à la dernière rigueur.

VI. Mais enfin quelque préjudiciables qu'elles soient, pour les peuples, c'est un moindre mal que l'anarchie. Il est des cas où l'on est forcé de consentir au malheur d'un peuple pour lui épargner de plus grands malheurs, et de lui laisser une mauvaise constitution, quand il est impossible de lui en donner une meilleure. Ce cas est celui *de l'impossibilité*. Mais ce cas qui est le dernier ne dérange pas l'ordre des constitutions. 1. *les enfans*, 2. *les parens*. Le fondateur ne peut être censé transporter sa souveraineté sur la tête des étrangers, que quand il lui devient impossible de la conserver à ses héritiers naturels. *)

VII. Car voilà la clef de tout; voilà ce qu'on ne doit plus perdre de vue: c'est cette volonté interprétative du fondateur mort: volonté éternelle et toujours subsistante, volonté qui ne sauroit jamais être changée que

------

*) Tout le monde sait que partout où il y a eu des républiques, il y avoit eu des rois auparavant, et il est impossible qu'il en fût autrement, puisque le fondateur existoit avant les peuples. Les républiques sont les dernières dans l'ordre des constitutions. Partout elles sont venues après les rois, et longtemps après les rois, quoiqu'en dise *Puffendorf.* (*Bossuet*, *Fénélon etc.*) Quand il seroit vrai que quelques sauvages, vivroient en république, chaque tribu n'en auroit pas moins commencé par un *auteur universel* et conséquemment par le gouvernement monarchique.

dans la dernière nécessité; volonté qui ne peut jamais être interprétée que selon les règles de la raison et de la justice la plus rigoureuse; volonté qui ne peut plus se prêter aux caprices et aux passions toujours voraces, toujours insatiables des hommes vivans. C'est cette volonté qui fait la base, le mobile, la variété et cependant la stabilité de toutes les lois et de toutes les constitutions. Ce fondateur étant le seul qui ait eu autorité universelle *par droit de nature*, il est le seul qui puisse la communiquer à d'autres par l'effet de sa volonté suprême. Fussé-je son héritier naturel, c'est par sa volonté elle seule que je possède; c'est par sa volonté elle seule que je peux être dépossédé; c'est par sa volonté elle seule que la constitution existe; c'est lui seul qui peut destituer. Quand il est censé le vouloir, j'aurois beau m'y opposer, sa souveraineté se trouvera, malgré moi, transportée dans d'autres mains. Quand il est censé s'y opposer, j'aurois beau le vouloir, la translation n'est point effectuée. C'est l'esprit immortel du fondateur qui fait tout. La volonté de ses successeurs n'est rien, ne peut rien et ne fera jamais rien que par la sienne. C'est par cette volonté qu'a existé le premier corps civil, c'est par cette volonté qu'il en existera jusqu'à la consommation des siècles.

§. VII.

Origine des corps politiques.

1. D'après cela il n'est pas difficile de deviner où sont nés les différens corps politiques, et de trouver l'auteur de leur naissance. De même que le premier corps civil naquit à la division des maisons, les différens corps politiques naquirent nécessairement à la première division des peuples. Et pour opérer cette grande division des peuples, fallut-il des conventions et de grandes assemblées délibérantes? pas plus que pour partager les familles. L'histoire nous dit qu'un seul homme suffit pour ces grandes opérations, *ce fut le premier chef*; et la raison nous dit que ce premier chef dut suffire, quand l'histoire ne nous l'attesteroit pas. *Auteur universel* de tous les hommes, conséquemment revêtu par dieu-même *d'une autorité universelle* sur tous ses descendans; ayant reçu de dieu lui-même domaine suprême sur tout l'univers; sans avoir besoin de connoître le nom qu'on donneroit par la suite aux diverses parties du globe qui étoit en sa présence; quand il vit que sa nombreuse postérité ne pouvoit plus tenir avec lui dans le même local, que dut-il faire et qu'eûsions-nous fait en sa place d'a-

près l'indication seule de la nature? se plaçant au milieu de ses enfans, en vertu de son titre de chef universel, il dut assigner au chef de chaque division le côté où il devoit se retirer et leur partager en grand son immense domaine. „ Allez, dut-il leur dire, „ vous à l'Orient, vous au midi, vous à „ l'Occident. Je vous donne en toute sou- „ veraineté les pays que vous y trouverez. „ Etablissez-vous y, vous et vos descendans, „ et distribuez-les, comme vous l'entendrez, „ d'après les règles de la loi naturelle. Je „ vous en laisse les maîtres. Je sais bien „ qu'étant nés frères, vous n'avez aucune „ autorité les uns sur les autres, vous n'a- „ vez droit chacun que sur vos descendans, „ mais moi qui ai autorité sur tous, je vous „ remets à chacun tous mes droits et tous „ mes pouvoirs. "

II. Ainsi dut parler, ainsi dut agir *le chef universel* des humains, quand ses descendans devinrent trop nombreux pour qu'il pût suffire à les gouverner lui seul; et s'il n'eût pas fait ce grand partage de son vivant, que fût-il arrivé? c'est que d'après sa volonté interprétative, les chefs universels de chaque branche eussent partagé entr'eux les vastes domaines de leur père; c'est la même chose. Ce grand partage est le modèle de tous les petits. Chaque grand souverain donna également à chacun de ses enfans, en toute souveraineté, le pays où il pourroit trouver à s'établir, et le fondateur de chaque cité dans le pays où il se fixa, prescrivit à ses descendans comment il entendoit qu'on partageât ses domaines.

III. Ainsi dans l'origine, ou le premier fondateur de chaque cité s'explique, de son vivant, sur sa succession, ou il ne s'explique pas. S'il s'explique formellement, c'est lui qui constitue et qui fait les partages par lui-même. S'il ne s'explique pas formellement, les chefs universels de chaque division s'arrangent entr'eux d'après sa volonté interprétative. De quelque manière que ce soit, c'est le bien, l'autorité, la succession *du chef universel* que l'on partage. Dans chaque cité, ce n'est pas celle du peuple, qui n'existoit pas encore lors de la fondation primitive et de la première occupation du pays. *)

---

*) C'est en vertu de la volonté du fondateur que, dans les pays les plus sauvages l'autorité universelle du chef de chaque tribu passa du chef aux anciens, des anciens au cacique, du cacique aux empereurs.

§. VIII.

Distinction des autorités.

1. **I**ci se manifeste clairement et dans tout son éclat la distinction importante des autorités et la raison des différentes dénominations qu'elles ont dû recevoir. Puisque tous les hommes, par voie de génération, descendent du premier chef, il n'y a pour les hommes qu'une manière d'acquérir l'autorité, *c'est l'acte de la génération*, et par cette voie, le premier chef du genre humain avoit *autorité très-naturelle* sur tous les hommes. Ce fut en vertu de cette autorité naturelle qu'il gouverna d'abord ses enfans quand ils furent petits, qu'il leur fit les parts quand ils furent grands, qu'il les divisa ensuite par grandes familles quand ils devinrent trop nombreux pour tenir dans le même local. Dans tous les cas, son autorité fut toujours la même, toujours *très-naturelle* dans son essence, puisqu'il la tenoit naturellement *de son titre d'auteur.* Mais aussitôt que ce premier chef eut des enfans mariés et que ces enfans eurent des enfans à leur tour, il commença à paroître dans le monde deux autorités naturelles très-distinctes qu'il fallut penser à distinguer par différens noms, savoir *l'autorité*

naturelle de chaque père subalterne sur ses enfans, et *l'autorité naturelle* du chef universel sur tous les pères: c'est cette dernière qu'on appella *l'autorité civile*, parceque c'est là que commence la cité.

II. Après la transmission ou la constitution, la distinction devint encore plus frappante. Aussitôt que la société primitive devint assez nombreuse pour se diviser par grands corps, et que *le chef universel* eut remis au chef de chaque division une portion de son autorité, il est visible qu'il exista dans chacun de ces chefs primitifs du genre humain, *deux autorités naturelles* très distinctes, dont il est facile à l'esprit attentif de saisir la distinction. Une qu'ils avoient acquise *par voie de génération* sur la portion du genre humain qu'ils avoient engendrée et dont ils étoient personnellement les auteurs; l'autre qu'ils avoient reçue de leur père *par constitution* et par la déclaration de ses volontés; l'une par laquelle ils n'avoient des droits que sur leurs descendans exclusivement, l'autre par laquelle ils avoient des droits sur tous ceux que leur père leur avoit confiés; l'une par laquelle ils ne pouvoient constituer que sur leurs enfans personnels, l'autre par laquelle ils pouvoient constituer sur tous ceux qui vouloient les suivre; l'une *bornée*, l'autre *universelle*, l'une *inférieure*, l'autre *supérieure*, l'une que leur père ne

pouvoit leur ôter parce qu'ils la tenoient de
l'auteur même de la nature, l'autre dont leur
père pouvoit disposer et qu'il eût pu donner
à d'autres parce qu'elle lui appartenoit à lui
seul. C'est *cette autorité naturelle* du chef
universel sur tous les individus de chaque
cité qu'on a appellée *autorité civile.* *)

---

*) Distinguons deux autorités dans le premier père,
celle qu'il avoit sur ses enfans, et celle qu'il avoit
sur ses petits enfans et sur toute sa cité. La première s'appella naturelle, parce qu'il avoit engendré par lui-même: la seconde s'appella civile parce
qu'il avoit engendré par ses enfans. Distinguons
également aussi deux autorités dans ses enfans
quand ils le quittèrent, celle qu'ils avoient naturellement sur leur branche et celle qu'ils reçurent
de leur père sur les étrangers. L'une venoit de
leur propre génération; l'autre venoit de la génération de leur père; mais toutes venoient de la
génération et conséquemment étoient très-naturelles
dans leur source; c'est avec bien de la raison
qu'on a continué d'appeller *naturelle* l'autorité de
chaque père sur les enfans qu'il engendre par lui-
même: c'est avec bien de la raison qu'on appelle
civile ou patriarchale celle du père universel
sur la cité qu'il engendra par ses enfans; mais
cette différente dénomination n'en change ni la
source ni la nature.

III. Et pourquoi lui a-t-on donné le nom *de civile?* est-ce parce qu'elle ne vient pas de la nature? point du tout. C'est pour la distinguer *de l'autorité naturelle* de chaque père subalterne sur ses enfans. Est-ce parce qu'elle est différente des autres autorités? point du tout. C'est parce qu'elle est antérieure à toutes les autres, supérieure à toutes les autres, plus étendue que toutes les autres, qu'elle embrasse une cité toute entière; c'est en un mot parce qu'elle s'étend sans aucune restriction sur toutes les autorités subalternes, sur toutes les maisons et sur tous les individus. Ces deux autorités sont exactement les mêmes dans leur source et dans leur nature. Elles s'acquièrent toutes deux *par voie de génération;* elles s'étendent toutes deux *par voie de génération;* mais elles diffèrent par leur étendue. *L'autorité naturelle* étoit immense dans le premier chef, puisqu'il étoit l'auteur de tout le genre humain. Elle n'étoit que partielle dans ses enfans, puisqu'ils n'avoient engendré chacun qu'une portion des hommes; elle est très-restreinte dans les derniers chefs de famille, puisqu'elle se borne à leurs enfans; elle est nulle dans beaucoup d'individus puisqu'ils n'ont encore engendré qui que ce soit. S'ils ont autorité sur une portion quelconque du genre humain, ce ne peut être que parce qu'ils en ont été investis *civilement* par la volonté des chefs naturels.

IV. Ici se manifeste clairement et dans tout son éclat la distinction importante des trois ordres, des trois états et des trois gouvernemens. Tant que le premier chef ne gouverna que ses propres enfans, qu'il n'y eut encore qu'une seule génération, ce fut *l'ordre naturel.* Aussitôt que ses enfans furent mariés, qu'ils formèrent autour de lui une petite cité composée de plusieurs générations, ce fut *l'ordre civil:* quand la société primitive se partagea en plusieurs corps civils qui en produisirent d'autres, ce fut *l'ordre politique.* Tous les rapports que ces corps politiques eurent entr'eux s'appellèrent des rapports politiques. Tous les traités et les arrangemens que les souverains firent entr'eux s'appellèrent des arrangemens politiques. Tous les principes de droit qui les lioient entr'eux s'appellèrent *la politique* ou le droit des gens. Et ce que nous disons de la formation du monde en grand, se répéta dans chaque pays en particulier: ce fut partout la même marche. *)

V. Et c'est ici que commence à paroître manifestement l'endroit où les hommes les

---

*) Nous prenons ici la politique dans ses rapports extérieurs avec les autres gouvernemens.

plus éclairés se sont égarés sans s'en appercevoir. Parce que *l'autorité naturelle et l'autorité civile* portent deux noms différens, on
a cru que c'étoit deux êtres substantiellement
distingués et l'on s'est trompé. Parce que
l'autorité civile a cessé de s'appeller *naturelle*, on a imaginé qu'elle ne venoit point
de la nature. D'après cette illusion fortifiée
par l'esprit de système, on s'est mis à chercher d'où elle avoit pu venir. Les uns se
sont persuadés que c'étoit une production
morale, d'autres, une extension arbitraire
de l'autorité paternelle, d'autres, une émanation immédiate de l'autorité divine : ceux-
ci, qu'elle avoit été créée par les peuples,
d'autres, qu'elle tomboit à chaque mutation
du haut des cieux : les uns que c'étoit le résultat d'un contrat ; d'autres, l'effet de la
force et de la victoire ; d'autres, le produit
de la soumission des sujets. Ce que c'est
que l'oubli des notions ! . . . Ce n'est rien de
tout cela. Quelque chose que l'on fasse, il
est impossible ni de créer, ni d'étendre, ni
d'acquérir, ni de faire naître aucune espèce
d'autorité quelle qu'elle soit, ni par la force,
ni par conquête, ni par la soumission volontaire ou involontaire des sujets. Quand vingt
millions d'hommes consentiroient à m'obéir,
leur soumission volontaire ou involontaire
ne me donneroit pas sur eux un grain d'autorité : et s'il étoit parmi ces vingt millions

d'hommes un seul individu sur lequel je n'eûs se pas d'ailleurs *une autorité réelle et posi-tive*; je ne serois pas son souverain.

VI *L'autorité civile* dans sa nature et son essence constitutive n'est point différente *de l'autorité naturelle*. C'est l'autorité natu-relle elle-même : tous les hommes ensemble n'en sauroient créer une autre. Comme elle, elle s'acquiert, par l'acte de la génération elle s'étend par voie de génération, elle prend sa source dans l'acte de la génération. Mais aussitôt qu'elle s'étend sur plusieurs géné-rations, qu'elle embrasse toute une collec-tion de citoyens, cette autorité naturelle, prend le nom d'autorité civile. Certes, tout tes les familles qui descendent de moi de-générations en générations et qui se trouvent enchaînées au-dessous de moi par les liens du sang, me sont bien subordonnées par le cours de la nature. J'ai sur elles toutes *une autorité très-naturelle;* cependant aussitôt que ces familles forment autour de moi *une cité,* mon autorité naturelle s'appelle *une autorité civile,* mes dispositions sur les par-tages et les successions s'appellent des dis-positions civiles. Tous les juges, les offi-ciers, les ducs et les généraux que j'établis au-dessous de moi, pour m'aider à gouver-ner toutes ces maisons, s'appellent des offi-ciers civils. Tous ceux enfin que je désigne pour mes représentans et mes successeurs;

s'appellent *des souverains civils*, et ce sera des souverains civils jusqu'à la fin du monde. Cela empêche-t-il que l'autorité que je leur remets et dont je les investis par mes volontés ne soit *une autorité très-naturelle?* non sans doute. Ce n'est pas leur autorité naturelle à eux, mais c'est la mienne. *)

———————————

*) Ce que nous avons dit ci-devant du 1er père s'applique *à tous les fondateurs aborigènes*, et ce que nous avons dit de ses enfans, quand ils le quittèrent, s'applique *à tous les chefs de colonies* déjà formées. Tant que chaque fondateur aborigène n'eut encore que ses propres enfans, il n'eut qu'une *autorité naturelle*. Dès qu'il commença à avoir des petits enfans, son autorité devint *civile*. Ainsi partout l'état de pure nature fut bien court et l'état civil fut fort prompt. Pour les chefs des colonies : ils avoient *autorité naturelle* sur la branche qu'ils avoient engendrée : ils n'avoient qu'*autorité civile* sur ceux qu'ils recevoient de leur père. Mais en vertu de cette autorité civile, ce n'en étoient pas moins eux qui fondoient la nouvelle cité, faisoient les parts et conséquemment les lois. *Chaque fondateur aborigène*, tiroit son autorité de l'auteur de la nature par l'acte naturel de la génération. Le chef de chaque colonie tiroit son autorité *du fondateur*

§. IX.

Objections.

Ces principes une fois bien compris, je ne m'étendrai point sur les objections des adversaires. Je les crois réfutées d'avance. Car qu'oppose-t-on à tout cela?

I. Quand on parle des gouvernemens, on vous dit froidement que puisqu'il y a aujourd'hui des souverains civils, *il a bien fallu qu'il y en ait eu un premier!*

Rép. Oui sans doute, il y en a eu un. Mais est-ce que le genre humain n'a pas eu essentiellement un premier père? est-ce que chaque pays n'a pas eu essentiellement un premier habitant qui gouverna ses enfans en vertu de son autorité naturelle?

II. Oui sans doute, réplique-t-on; mais *le gouvernement paternel tend à la division.* Il ne peut pas subsister longtemps. *)

---

aborigène. Toutes ces autorités étoient très-naturelles dans leur source.

*) Cette objection a été répétée dans beaucoup d'ouvrages. comme décisive; il n'y a rien de plus foible. La séparation domiciliaire des enfans, loin de détruire la cité, est précisément ce qui la forme.

Rép. Le gouvernement paternel tend à la division! eh! pourquoi pas? veut-on que tous les enfans restent en bloc sous leur pè re, qu'ils occupent tous le même local?

Le gouvernement paternel tend à la division!.. Oui sans doute; mais comment ne voiez vous pas: que ce sont précisément ces habitations séparées qui vont former *une cité.* Laissez agir la nature: elle fera beaucoup mieux que tous vos systêmes.

Que le gouverneme paternel tendît à la division dès les pren tems: personne n'en doute. Quand les afans voulurent se marier et peupler à leur tour, il fallut bien dresser d'autres tentes et se retirer de l'habitation paternelle. Cela est clair; mais qui est-ce qui la fournit cette tente? *c'est par les père.* Par qui furent fournis la femme, les bestiaux, le rigoureux nécessaire qui se trouve dans cette nouvelle habitation? *c'est par les père.* Dès l'instant de la première séparation, voilà donc des enfans qui demandent un père qui écoute; un père qui accorde des enfans qui reçoivent. Voilà déjà des dispositions qu'il faut maintenir. Dès l'instant de la première séparation, voilà déjà des enfans qui, en se retirant sous une tente particulière, emportent avec eux leurs meubles, leurs vêtemens, leurs provisions, qui ensuite engendrent des enfans et forment une nouvelle maison. Dès l'instant de la pre.

mière séparation, voilà donc déjà des parts
civiles, et ces parts sont essentiellement des
lois, des propriétés civiles assignées à chaque nouveau chef: et qui est-ce qui les fait
ces lois? *c'est le père.*

III. Nous sommes loin de contester aux
adversaires: *que le gouvernement paternel
tend à la division.* Le gouvernement paternel tend à la division comme un arbre tend
à pousser des branches et les branches tendent à pousser des rameaux; ces branches
se divisent et se subdivisent, mais elles ne
quittent pas le tronc. Que si un oiseau en
emporte au loin une graine, cette graine devient un nouvel arbre qui se subdivise encore par branches et par rameaux. Il en
est de même de l'arbre social. Dès l'origine,
le premier habitant de chaque pays produisit d'abord des enfans qui se divisèrent en
familles qui produisirent d'autres familles,
toujours, comme le dit *M. Rollin*, sous l'autorité des pères.

*Le gouvernement paternel tend donc très-
certainement à la division:* il tend à la division comme un corps de troupes qui à mesure
qu'il lui vient du monde, se divise et se subdivise par compagnies, par régimens et par
bataillons, toujours sous la direction d'un
seul général. Que si cette armée devient
trop nombreuse, elle se divise en plusieurs
armées conduites par plusieurs généraux...

Dans le corps social, comme dans tous les autres corps, l'auteur de la nature a mis *une force centripète* et *une force centrifuge*, des lois d'extension et de gravitation qui en assurent également la conservation et l'harmonie. La force centrifuge pour les hommes, c'est la nécessité où ils sont de vivre des fruits de la terre qui les nécessite de s'étendre de proche en proche et de se disséminer sur le globe; la force centripète, c'est le besoin absolu d'avoir un père qui leur fasse les premières avances, qui leur assigne à chacun leurs parts et les défende contre les aggresseurs, besoin qui les repousse perpétuellement sous l'autorité du chef qui les a fait naître.

IV. Les droits du chef sur ses descendans sont le lien indissoluble des sociétés. Ces liens s'allongent, mais ils ne se rompent pas. Cela est impossible. A mesure que la petite cité s'étend, l'autorité universelle s'étend essentiellement au-dessus de sa tête par l'extension seule des générations. Que si un individu emporté de la cité primitive se trouve transplanté dans un autre pays, c'est un nouvel arbre social qui se subdivisera comme les autres par branches et par rameaux. Voilà pourquoi les corps civils sont indestructibles. Ils ont subsisté et ils subsisteront tant qu'il y aura des hommes . . Par la force *centrifuge*, les hommes tendent à la division domiciliaire, par la force *centripète*, ils tendent à la réunion civile. Chaque enfant tend à avoir sa maison; mais toutes ces maisons tendent à ne former *qu'une cité*. Chaque pays tend à se diviser par bourgades, mais ces bourgades tendent à ne former *qu'un seul corps civil.* Chaque corps civil tend à se diviser en corps politiques, mais ces corps politiques tendent à commercer entr'eux. Tous les corps se repoussent et cependant se rapprochent par le besoin qu'ils ont les uns des autres, et tous ces corps ont des auteurs universels, conséquemment des souverains d'où ils sont descendus. Tel est l'ordre superbe établi sans nous et malgré nous par le maître de la nature.

V. Mais enfin, dira-t-on, *avec Puffendorf et J. J. Rousseau; les hommes sont naturellement libres.* Quand je suis grand, si je reste avec mon père, *c'est que je veux bien y rester.* *)

Rép. Les hommes sont naturellement libres! oui sans doute. Mais en quoi le sont-ils? est-ce dans les choses forcées! est-ce dans les choses nécessaires? sont-ils libres de marcher sans jambes, de voir sans yeux,

---

*) V. J. J. *Rousseau*, origine de l'inégalité. *Puffendorf* etc. Nous traiterons ailleurs plus amplement de la liberté.

de ne pas payer leurs dettes quand ils en ont ? s'il est des actes libres, combien d'autres qui ne le sont pas ? quand des enfans naissent, c'est malgré eux qu'ils ont *un père*, c'est malgré eux qu'ils ont des besoins. Quand ils ont quatorze ou quinze ans, c'est malgré eux qu'on les fait travailler ; c'est malgré eux qu'on les oblige de remettre au fonds commun ce qu'ils y ont pris. Est-il question de se marier ? c'est malgré eux que leurs besoins augmentent, c'est malgré eux qu'il leur faut des avances, c'est malgré eux *que le père leur fait leurs parts.* Quand ils sont séparés d'habitation, c'est malgré eux que les parts sont faites, c'est malgré eux que les lois de distribution sont portées ; c'est malgré eux que *l'ordre civil* est établi. Quand ils ont leurs parts, si on les attaque dans leur nouvelle habitation, c'est malgré eux qu'on les attaque, c'est malgré eux qu'ils sont obligés de recourir au chef civil. S'ils sont cités au tribunal, c'est malgré eux qu'ils y sont cités ; s'ils sont punis pour avoir violé les lois, c'est malgré eux qu'ils sont punis. C'est malgré eux qu'ils sont soumis quand ils sont petits, c'est malgré eux qu'ils restent soumis, quand ils sont grands .. *En quoi donc les hommes sont-ils libres?* ils sont libres *de faire le bien ou le mal.* Mais cette liberté de délibération n'empêche ni les lois, ni les autorités, ni les gouvernemens, puisqu'elle les suppose.

VI. Objectera-t-on : *que l'homme devoit
être beaucoup plus libre dans l'état naturel
que dans l'état civil.*

Rép. C'est une fausseté palpable. Quand
je suis séparé d'habitation, je dépends encore *du chef universel* sans doute, et il est
bien impossible que je n'en dépende pas,
puisque je tiens tout de ses volontés; mais
quoique je dépende encore du chef universel, quand je suis séparé d'habitation, il
est visible que j'en dépends beaucoup moins
que quand j'étois encore dans sa maison. Tant
que je suis dans la maison paternelle, je suis
comptable à mon père de toutes mes actions,
quand je suis totalement séparé d'habitation,
je ne suis comptable que de mes actions civiles. Tant que je suis dans la maison paternelle, on peut me punir pour la moindre
faute ; quand je suis totalement séparé d'habitation, on ne peut me punir que quand je
transgresse les lois. Tant que je suis dans
la maison paternelle, je ne peux disposer de
rien, quand je suis séparé d'habitation, ma
femme, mes enfans, la part que l'on m'a
donnée est à moi. Quelle différence! *l'autorité naturelle* pèse sur nous de bien plus
près que *l'autorité civile* et nous laisse bien
moins libres. *)

---

*) Tant qu'un chef de famille a encore peu de mon-
de, la liberté est peu protégée. On le voit dans

VII. *Loin de détruire la liberté naturel-*
le, l'état civil l'auroit donc augmentée, s'é-
crieront les adversaires ! . . .

Rép. C'est une vérité dont tout esprit
attentif sera forcé de convenir . . . Qu'on
se souvienne bien que *la liberté de l'homme*
consiste dans la faculté de faire le bien et
d'éviter le mal. Or, dès l'origine, plus le

---

l'histoire de *Jacob* qui, malgré sa grande autorité,
ne put empêcher ni punir la perfide et cruelle ven-
geance que ses enfans exercerent contre les Siché-
mites, ni prévenir les excès auxquels les porta
leur jalousie. On le voit dans toutes les tribus
naissantes, soit policées, fait sauvages qui, ne
pouvant encore se faire respecter de leurs ennemis
au dedans et au dehors, sont toujours armées contre leurs voisins et déchirées par leurs propres
dissentions. Dans cet état de foiblesse, qu'on a
pris mal à propos pour un état d'anarchie, les personnes et les propriétés sont encore mal assurées.
Mais quand le chef a sous lui non-seulement plusieurs familles, mais plusieurs tribus, que, devenu
le souverain de tout un pays, il a une force publique et des armées, alors les personnes et les
propriétés sont puissamment protégées, et chacun
devient infiniment plus libre qu'il ne l'étoit dans
l'état naturel de simple famille.

fondateur de chaque cité eut d'enfans, plus chaque enfant devint libre. Plus il eut de familles autour de lui, plus chaque famille devint puissante, puisque, par l'influence du fondateur qui disposoit de tout, elle devint forte de la puissance de toutes les familles; plus la cité s'accrut en hommes et en bestiaux, plus il fut aisé de bâtir, de défricher, de cultiver la terre: plus les travaux devinrent faciles, plus le mal physique diminua, plus il fut facile de faire le bien, de repousser les ennemis, d'étendre les propriétés, conséquemment plus chaque individu devint *libre*. La puissance ou la foiblesse, l'accroissement ou le dépérissement du gouvernement civil est le thermomètre certain du bonheur des individus *et de la liberté des peuples*. Plus le gouvernement civil est impuissant, moins je suis libre, parceque je n'ai encore que très-peu de moyens. Plus le gouvernement civil devient riche, nombreux et étendu, plus chaque individu devient puissant. Pourquoi cela? parce que, quand un gouvernement est puissant, le chef civil volant au secours de l'opprimé avec toute la force de la société dont il dispose, chaque individu, fût-il le plus foible des hommes, devient, par l'accession perpétuelle de l'autorité, capable de faire les plus grandes entreprises ou d'éviter les plus grands maux. Il devient fort de toute la force du chef civil. Voilà, dès l'origine, ce que fit le passage du gouvernement domestique au gouvernement civil, et voilà ce qu'il devoit faire nécessairement, d'après la marche seule de la nature. C'étoit d'étendre, d'aggrandir, d'améliorer, de perfectionner *la liberté de l'homme*.

VIII. *Ou est donc ce sacrifice d'une portion de sa liberté qu'il fallut faire pour passer sous le gouvernement civil, demandera-t-on avec surprise?* . . .

Rép. Où il est? il est dans la tête des partisans des conventions, jamais il ne fut ailleurs. Quand on vient vous dire sérieusement que pour devenir *plus libres*, les hommes furent obligés de sacrifier une portion *de leur liberté*, c'est un langage paradoxal qui fait pitié, et voilà tout. C'est une preuve certaine qu'on n'a pas la plus petite idée des gouvernemens et de la liberté naturelle de l'homme. Pour faire le sacrifice absurde de son indépendance, il eût fallu avant tout que l'homme eût été indépendant. C'est ce qui ne put jamais être et ce qui n'arrivera

---

*) Je ne cite point les auteurs d'où sont tirées toutes ces étranges objections sur la liberté. Tous les livres en sont remplis et tout le monde doit les connoître.

jamais. *Du gouvernement domestique* il passa immédiatement *au gouvernement civil.*

Je sais très-bien que ce passage immédiat déplaît fort aux partisans des conventions. Dans leur système, il faudroit un état intermédiaire où les hommes allassent courir dans les bois. C'est ce qu'on a appellé le régne de la liberté naturelle . . . . C'en eût été la ruine absolue. Dans cet état monstrueux, si par impossible il eût existé, la liberté eût été bannie de la terre: l'homme foible eût été l'esclave de l'homme fort, l'homme fort eût été esclave à son tour, puisqu'on se fût attroupé pour lui ravir sa subsistance. C'eût été le plus affreux de tous les brigandages. Si les hommes furent *toujours libres,* c'est parce qu'ils furent *toujours dépendans.* C'est parce qu'ils naquirent essentiellement à l'ombre d'une autorité tutélaire, qui après avoir protégé leur enfance dans la même maison, s'étendit sur toutes les maisons, à mesure qu'ils se séparérent et à laquelle ils purent recourir dans tous les temps. *La liberté de faire le bien et le mal* étant essentiellement inséparable *de l'autorité,* partout où les hommes cesseront de dépendre d'une autorité, ils cesseront par cela même *d'être libres.*

IX. *Si l'on objecte que le gouvernement civil ne put jamais résulter immédiatement de la séparation d'une seule maison?*

Nous répondrons qu'il fut impossible qu'il n'en résultât pas. Dès l'instant que le fondateur de chaque cité eut marié un seul de ses enfans, ne lui eût-il donné qu'une épouse, une tente et un lit, *la volonté paternelle* fut le seul titre, le seul garant de ce premier partage. Il fallut de toute nécessité la faire constater et y recourir dans tous les cas; et dès-lors, voilà les relations civiles établies avant même qu'il puisse y avoir des peuples. *Ex natura videtur pagus colonia domus esse. Arist. polit. cap.* 1.

X. *Demander comment il put y avoir des corps civils avant qu'il y eut des peuples formés: c'est demander comment les corps peuvent être petits avant d'être grands?* *)

C'est une de nos grandes illusions de croire qu'il fallut attendre qu'il y eut de quoi former des peuples avant de pouvoir former des gouvernemens civils. Ce n'est point là du tout la marche de la nature. Dans chaque pays, lors de la formation des cités

---

*) Conditione multiplicati generis expensâ, *dit Puffendorf.* Cette condition n'est point du tout nécessaire. Chaque fondateur n'attendit point la multiplication de ses descendans pour devenir chef civil. Il le fut dès qu'il eut sous lui plusieurs familles et il fit les lois dès les premiers partages.

aborigènes, ce ne fut d'abord qu'un seul homme qui ayant défriché un petit terrain au milieu des déserts, ou au milieu des bois, établit autour de lui cinq ou six enfans et leur assigna leurs parts; ces enfans qui tenoient leurs parts de l'autorité du père, ayant été obligés d'y recourir perpétuellement pour les conserver et les défendre, toutes les familles qui naquirent des premières furent obligées d'en faire autant: et la nécessité perpétuelle de recourir aux actes de l'autorité primitive rendant la perpétuité de cette autorité indispensable, le fondateur fut obligé de perpétuer son autorité dans ses successeurs.

Il en est exactement de chaque corps social comme de tous les autres corps. S'il naît, ce n'est point par la convention de ses membres, c'est *par la génération* de son chef. Quand il est né, ce n'est point par la convention de ses membres, c'est par leur accroissement qu'il se fortifie. C'est un petit enfant qui grandit; c'est une plante qui s'étend progressivement et sans effort par le simple développement de ses parties. Chaque maison prise séparément a *son chef naturel.* Toutes les maisons prises collectivement forment un corps civil, et le chef d'où elles descendent, quoique très-naturel comme les autres, devient *un chef civil* aussitôt qu'il a au-dessous de lui plusieurs chef aturels.

Numquid refert amplane, an angusta sit urbs ad imperium, dit Platon *rep. liv.* 1.

XI. Aussitôt que ce petit chef civil eut autour de lui cinq ou six maisons, porta-t-il le titre de roi, eut-il un sceptre, une cour, des armées et des magistrats? non encore une fois . . . . Il n'avoit d'abord qu'une tente; il expliquoit ses volontés, étendu sous un chêne ou assis dans un fauteuil: Tout ce que l'on voudra; ce ne fut que long-temps après qu'on sculpta son fauteuil, qu'on en fit un trône, qu'il prit un sceptre au lieu d'un bâton, que son gouvernement civil prit une forme imposante. Cela est clair: mais tout cela n'empêche pas que long-temps avant ce grand appareil, les parts étoient faites, les lois foundamentales étoient portées. Dès l'instant de l'établissement des premiers enfans, conséquemment avant la multiplication de chaque peuple, il existoit *une autorité civile*, à laquelle il falloit perpétuellement recourir. *)

* * *

*) Qu'on se souvienne bien que nous ne parlons ici que des fondateurs et des cités aborigènes. Nous savons très-bien que les chefs des colonies arrivoient avec des peuples tout formés, et qu'ils avoient, dès leur arrivée, des sceptres, des armées et un grand attirail de puissance; que leurs cités étoient souvent superbes et nombreuses dès leur

§. X.

Conclusion.

1. Dans la question précédente nous sommes remontés à l'origine des autorités. Nous avons montré que *l'autorité souveraine* a essentiellement la même source que les autres. Nous avons prouvé par la raison, que, dans l'origine, les premiers chefs des nations devoient avoir le droit de gouverner leurs descendans *en vertu de leur titre d'auteurs.* Nous avons fait voir par la fable, par l'histoire

fondation. Mais ces colonies s'étoient formées dans les cités aborigènes. C'étoient des cités de seconde création. Nous parlons ici du premier père, du premier occupant de chaque pays, des cités primitives dont parlent *Homère*, *Platon* et autres anciens auteurs, qui commencèrent d'abord par un homme, ensuite par quelques maisons, et d'où sortirent des colonies long-temps après. L'origine de ces cités fut très-obscure et très-médiocre. Le bon sens le dit quand ces auteurs ne l'attesteroient pas.

par tous les monumens de l'univers que c'é-
toient effectivement eux qui les gouvernoient.

Dans cette question nous venons de
prouver qu'il étoit impossible qu'ils ne les
gouvernâssent pas, puisque dans chaque
pays *le gouvernement civil* naquit immédiatement *du gouvernement naturel*, avant même
l'éxistence des peuples.

II. *Maître universel*, dans chaque pays,
ce fut très-certainement le père primitif qui
nourrit et éleva ses enfans. Tant qu'ils furent petits, il leur fut impossible de le quitter, quand bien même ils l'eussent voulu.
Devenus grands, quand ils eussent pu quitter le père, le père ne l'eut pas voulu, il
les eut contraints à rester, parce qu'ils lui
étoient redevables des frais de leur enfance.
Il fallut, malgré eux, qu'ils formâssent autour
de lui une petite cité. *De-là l'origine des
corps civils.*

III. *Propriétaire universel*, ce fut le père
lui seul qui put marier ses enfans, qui leur
fit des avances, leur assigna leurs parts,
leur dicta les conditions. *De-là l'origine des
lois civiles.*

IV. *Auteur universel*, ce fut le père
lui seul qui put constituer et conférer la souveraineté. Ce fut lui seul effectivement qui
constitua qui il voulut sur ses descendans
pour assurer à perpétuité le maintien de ses

volontés. *De-là l'origine des constitutions civiles.*

V. *Dominateur universel*, quand sa population devint trop nombreuse, ce fut lui seul qui put partager ses enfans; et d'après l'histoire ce fut effectivement lui seul qui les partagea, qui leur donna leur mission pour d'autres pays et ses enfans donnèrent la mission à d'autres. *De-là l'origine des corps politiques.*

VI. Dans chaque cité l'autorité universelle sur tous les pères subalternes s'appella *l'autorité civile;* l'autorité de chaque père subalterne sur ceux qu'il avoit engendrés immédiatement, continua de s'appeller *l'autorité naturelle*, mais elles étoient toutes deux très-naturelles dans leur source.

D'après les faits, l'histoire et la raison, tout cela se fit évidemment sans aucune assemblée des peuples; *par la volonté suprême du chef universel.*

VII. Mais, depuis l'origine du monde, les corps civils ont passé par bien des états. Ils ont été tantôt fixes, tantôt errans; tantôt grands, tantôt petits; tantôt barbares, tantôt civilisés; tantôt héréditaires, tantôt électifs; tantôt monarchiques, tantôt républicains. Ils ont subi une infinité de métamorphoses. Au milieu de toutes ces variations extérieures, *la nature varia-t-elle? l'autorité changea-t-elle de maître? tomba-t-elle jamais* dans les mains du peuple? *les variations des corps civils:* voilà ce que nous examinerons dans la question suivante: cette question sera d'autant plus curieuse que nous y découvrirons la source de toutes nos erreurs.

PRINCIPES

OU

NOTES EXPLICATIVES.

P. I.

Du fondateur et de ses volontés.

C'est avec raison que les publicistes et les jurisconsultes appellent la volonté humaine la maîtresse des choses. *Voluntas hominum rerum domina.*

Quand j'ai acquis des droits sur un bien, par le seul acte de mes volontés je peux le vendre, le donner, le partager, le transmettre, le confier à qui je veux, comme je veux, pour le temps que je veux, à perpétuité si je le veux, sous toutes les conditions que je le veux : *ma volonté* est la règle de tout, le titre de tout, la seule raison que l'on puisse apporter à tout.

Pourquoi ce domestique est-il pour un an, pour un mois dans ma maison? c'est en vertu de mes volontés. Pourquoi touche-t-il à mes meubles, à mes chevaux, à mes terres, à mes bestiaux? c'est en vertu de mes volontés. Si je cesse de le vouloir, ses pouvoirs cesseront, il ne le pourra plus.. Pourquoi ce juge, ce magistrat a-t-il juridiction sur une petite ou une grande province? c'est en vertu de mes volontés. S'il juge où je ne le veux pas, ses jugemens sont nuls. Il a les pouvoirs que je veux, comme je le veux et pour le temps que je le veux; si je cesse de le vouloir, demain il ne jugera plus.

Pourquoi cet officier commande-t-il cent hommes, deux cents hommes ou une armée? pourquoi ces armées marchent-elles d'un pôle à l'autre? c'est en vertu de mes volontés. Demain si j'ordonne qu'elles s'arrêtent, elles s'arrêteront. Pourquoi cet ambassadeur qui est aux îles, aux indes, à quatre mille lieues de moi, agit-il et parle-t-il en mon nom? c'est en vertu de mes volontés. S'il outrepasse mes volontés, tout ce qu'il dit et tout ce qu'il fait est nul..

Il y a plus: fussé-je un simple laboureur, si ce coin de terre est à moi, j'en peux faire ce que je veux, et dès que mes volontés sont légalement connues, juges, armées, puissances, il faut, à ma réquisition, que tout marche, que tout s'arrête, que tout se

meuve au gré de mes volontés. Ce n'est
pas tout, c'est que si je dispose de ma terre
à perpétuité, la mort, qui détruit tout, res-
pectera mes volontés, elle n'a point de prise
sur elles. Des fondations qui sont faites
depuis deux mille ans subsistent encore. Les
ventes qui ont été faites au commencement
du monde ont eu leur effet et l'auront à jamais. Pourquoi cela ? parceque le fondateur l'a voulu. Celui qui possède maintenant
possède au titre du vendeur ou du fondateur,
et si l'objet pouvoit durer dix mille ans, le
dernier possesseur posséderoit au même titre. Loin d'altérer la volonté d'un mourant,
la mort, qui détruit tout, la fixe pour jamais
et la rend éternelle. Il y a plus: la volonté
d'un homme mourant est si forte et si puissante, qu'il n'est pas même nécessaire qu'elle soit notifiée. Pour peu qu'on la devine
et qu'on ait lieu de soupçonner que telles
étoient les intentions du fondateur, les droits
suivent rigoureusement la direction de cette
volonté interprétative.

Et quelle est-elle cette faculté qui opère
de si grandes choses, qui donne et qui retire, qui défend et qui commande, qui limite
et qui circonscrit les pouvoirs, qui dit avec
empire: vous irez jusque-là et vous ne pas-
serez pas? *c'est la volonté.* Et quelle est
cette puissance qui fait mouvoir à son gré
du fond d'un cabinet les juges, les magis-

trats, les armées et les généraux? *c'est la volonté.* Et quelle est-elle cette force qui transporte d'une main à l'autre les terres, les châteaux, les domaines et les royaumes, qui agit à quatre mille lieues, qui subsistera quatre mille ans après ma mort, et qui peut en subsister dix mille? *c'est ma volonté.* Je le veux et je suis maître. *Le fondateur l'a voulu ainsi* il y a quatre mille ans. Tout est dit. Le droit est là, et l'on a beau dire et beau faire, il est impossible qu'il soit ailleurs. Parce que le fondateur qui est mort il y a quatre mille ans l'a voulu, le droit a suivi rigoureusement ses volontés, et dans dix mille ans, si l'objet existe, il les suivra encore. Et *qu'est-ce que c'est que cette volonté?* est-ce un corps? est-elle physique et matérielle? point du tout. Elle est invisible et purement spirituelle. Voilà cependant la puissance connue, sentie et avérée qui régle les successions, les propriétés et les possessions, qui les dirige et les transmet depuis le commencement du monde.

Mais si *la volonté* du dernier fondateur est si puissante, de quelle énergie et de quelle vertu ne dut pas être celle du fondateur d'un peuple, du premier occupant d'un pays, du premier habitant de l'univers? premier maître, maître absolu, tout étoit souverainement à lui et à lui seul. La moitié, le tiers, le quart, il put arranger, trancher,

décider, distribuer comme il le jugea à propos. Quand il eut autour de lui cinq ou six
enfans mariés et qu'on leur demanda: pourquoi avez-vous cette tente, ces meubles,
cette terre, ces bestiaux? pourquoi celui-ci
en a-t-il plus, celui-là moins? *demandez-le
à mon père:* c'est lui qui a fait les parts.
Voilà toute sa réponse. Si on tenta de le
troubler dans ses possessions, il eut promptement recours *à son père*, et le père marcha
avec un bâton pour soutenir ses volontés.
Laissons faire. Les juges et les armées viendront après . . . Après les avances du mariage, il fallut prononcer sur les successions:
ce furent là les grands partages, les dernières dispositions. Mais dès le mariage il y
avoit déjà des parts; il y avoit déjà séparation de tente et d'habitation. Dès le mariage, les premiers partages sont faits. En sa
qualité de fondateur et de premier propriétaire, le père a donné à chacun *ce qu'il a
voulu, comme il l'a voulu*, plus à l'un et
moins à l'autre. Il en fut absolument le
maître. Dès le mariage, tous les rapports
civils sont établis: les fondemens de la petite cité sont jettés; il n'est plus possible de
les détruire: et cette petite cité deviendra
grande. *)

---

*) Donc les lois civiles ne sont ni des rapports natu-
    rels, ni des rapports nécessaires. Pour les con-

P. II.

De l'égalité ou de l'inégalité des partages.

Ici les partisans de l'égalité m'arrêteront dès le premier pas: ils prétendront que parmi les enfans d'un même père l'un n'est pas na‑turellement plus que l'autre, qu'ils sont tous égaux en droits.

Je le demande à l'esprit impartial: *où est cette égalité?* qu'y a‑t‑il d'égal parmi les enfans? est‑ce l'âge, la taille, les disposi‑tions, le mérite, les travaux et les talens? n'est‑il pas visible que ce fut le premier né qui vint le premier au secours du père et qui l'aida à élever tout le reste de la famil‑le? si je suis le père et conséquemment le juge de ces enfans, quand il sera question de partager les biens de la communauté, dois‑je traiter de la même manière l'enfant actif et l'enfant paresseux, celui qui aura mis beau‑coup au fonds commun, et celui qui n'y au‑

---

noître ce n'est point la nature qu'il faut consulter, c'est *la volonté du fondateur.* Pour les porter, ce n'est point la nature, c'est *son esprit* qu'il faut suivre, sans cependant jamais aller contre la nature.

ra rien mis, celui qui m'aura servi cinq ans,
et celui qui m'en aura servi vingt? pourquoi
l'auteur de la nature m'a-t-il constitué leur
juge et le dispensateur des fonds communs?
est-ce pour bouleverser toutes les règles de
la justice? certes, ce n'est pas l'intérêt qui
me fait parler, puisque je suis le dernier né
de ma famille: mais quand il s'agit de principes, il n'est plus question ni d'aîné, ni de
cadets, il s'agit de la vérité... Quand nous
ne l'aurions pas démontré dans la première
partie, il est visible que cette égalité de
droits qui a renversé toutes les notions est
une folie, qu'elle n'exista jamais nulle part.
Il est visible que parmi les enfans du même
père, comme parmi les membres de la même
société, l'auteur de la nature a voulu que
tout fût inégal: n'y en eut-il que par l'âge, il
est visible qu'il y a inégalité dans les ser-
vices des enfans. Donc, quand il est question de ce qui leur est dû, il doit y avoir
inégalité dans les partages. Et voilà toutes
nos folies d'égalité réprouvées.

S'agit-il de ce qui ne leur est pas dû?
alors *c'est une faveur* et je ne vois pas qu'u-
ne faveur ait d'autre règle que la volonté de
celui qui l'accorde. Quand il s'agit d'une
faveur, il n'est plus question de mérite, sans
quoi ce ne seroit plus une faveur. Quand
l'auteur de la nature donna au chef des humains le domaine de l'univers, ce ne fut

point pour ses mérites, ce fut une pure faveur. Quand le restaurateur du genre humain assigna à sés enfans une grande partie du globe, ce ne fut point pour leur mérite, ce fut une pure faveur. Quand un vaste pays m'est échu par occupation, ce n'est point à titre de mérite que je possède, je possède à titre de premier occupant. Quand je légue mes biens à mes descendans, ce n'est point du tout à titre de mérite, puisqu'ils ne sont pas encore nés. Quand le mériteront-ils? à leur naissance? ils n'ont encore rien fait. Lors de leur mariage? actuellement même que la terre est en valeur, qu'on pèse d'un côté ce qu'un enfant a produit à la masse, de l'autre ce qu'il a coûté, on verra que presque tous sont redevables et qu'ils l'étoient tous dans les premiers temps, où les frais de culture étoient énormes. Si le patrimoine se distribuoit au mérite, non-seulement les parts seroient inégales, mais le plus laborieux auroit bien peu de chose, frais compensés; et une infinité n'auroient rien du tout.

Le patrimoine est une faveur qui nous est léguée par la bonne volonté de nos pères, mais qui n'est due à aucun de nous par droit de nature. Ce n'est point en vain qu'il est appellé, *patrimoine:* ce fut la propriété naturelle de nos pères eux seuls, ce qui leur échut par la providence, ce qu'ils gagnèrent par leurs travaux. C'est leur bien, ce n'est pas le nôtre. Or si je suis le premier père d'une cité, que je ne sois encore lié par aucunes volontés, un bien qui n'est dû à qui que ce soit, un bien qui est à moi et à moi seul, je peux le donner ou le réserver, en faire présent à mes enfans ou à mes amis, le partager en trois ou en quatre, en parts égales ou inégales, en donner plus à l'un et moins à l'autre; j'en suis parfaitement le maître: si j'en donne le tiers à l'un, je lui fais une grâce; si je n'en donne rien à l'autre, il n'a rien à dire.

Quant aux partages primitifs, je ne dis donc pas que les fondateurs des cités n'eurent pas le droit de les faire *égaux*. Chacun peut faire de son bien ce qu'il lui plaît: mais je dis que dans les premiers temps, cette égalité de partages fut impraticable. Quand il est question de faire les premiers défrichemens et de mettre une terre en valeur, il faut beaucoup d'engrais, de bestiaux et de moyens... Si nos pères eussent distribué leur succession également à tous leurs enfans, que fût-il arrivé? c'est qu'ils fussent tous morts de faim, parce qu'aucun n'eût été en état de faire les premiers frais. Pour le bien du reste de la famille il falloit qu'ils laissassent leur manoir et la plus forte portion de leur succession à un seul de leurs enfans, c'étoit ordinairement à l'aîné. De-là le droit d'aînesse si fort prisé dans ces premiers temps. *)

Je dis en second lieu que cette égalité de partages ne fut jamais dans l'ordre de la nature, puisque tout, jusqu'au mérite lui-même est visiblement *inégal* parmi les hommes.

Je dis en troisieme lieu que l'égalité des partages, dès qu'elle n'est pas dans l'ordre de la nature, dut produire de funestes effets dans tous les temps; aussi en produisit-elle. Dans tous les pays où le fondateur l'adopta, les biens se trouvèrent tellement subdivisés, *le patrimoine* de chaque famille se trouva tellement morcelé, que chaque père subalterne n'eut ni de quoi vivre, ni de quoi pousser ses enfans, ni de quoi faire travailler les autres. Les partages égaux, en laissant trop peu de fonds à chacun, anéantirent cette *inégalité* essentielle, instituée par la nature elle-même, qui nourrit le commerce;

___

*) La philosophie vous prouvera par de doctes raisonnemens qu'il faut que tous les enfans partagent également, dit un auteur; la nature vous prouvera par de grands inconvéniens et de grands malheurs qu'il ne le faut pas. Si l'on partage également, la partie qui pouvoit nourrir un homme ne peut plus nourrir une famille.. La terre s'épuise, elle est abandonnée, et la famille devient vagabonde. (*Théorie politique.*)

excite l'émulation, propose des biens à gagner, fait jouer partout le méchanisme du libre arbitre.

Dans les pays où les partages sont égaux, tout est nécessairement pauvre, indolent, misérable, engourdi, parce que tout y est nécessairement inanimé et impuissant. Dans les pays où les partages sont inégaux, tout est riche, actif, florissant, laborieux, parce que partout il se trouve des pères de famille opulens qui ont des fonds et qui font travailler les autres. Avec ces fonds, les pères font des avances aux cadets; les cadets qui n'ont presque rien à prétendre à la succession, aidés par les fonds du père, commercent, étudient, se poussent, se dédommagent de leur peu de prétentions, par l'activité et les travaux, et deviennent presque toujours aussi riches que les aînés. *)

---

*) L'Artois, la Bourgogne, la Bretagne, la Normandie; chaque pays, dans l'origine, eut son fondateur et son petit souverain. De-là la diversité des coutumes. Le législateur actuel est bien le maître de les expliquer, mais non pas de les changer, sans quoi il bouleverseroit tous les partages. L'esprit de chaque fondateur est sa règle. De-là dans chaque province la nécessité des tribunaux suprêmes, dépositaires des diverses lois.

Certes, si, entre les coutumes, il étoit question de décider laquelle est la plus juste, je répondrois qu'elles le sont toutes, puisque le premier propriétaire de chaque pays put faire de son bien tout ce qu'il jugeoit à propos. Mais s'il étoit question de décider laquelle est la plus ancienne, la plus avantageuse, la plus conforme aux arrangemens portés par l'auteur même de la nature, quoiqu'on en dise et quoiqu'on en ait dit dans le délire inconsidéré de notre siècle, l'expérience, la raison, la voix de la nature toute entière prononcent hautement en faveur de l'inégalité des partages, et toute nation qui adopte *l'égalité* tend visiblement au dépérissement et à la misère.

P. III.

De la souveraineté.

Si chaque fondateur put vendre, donner, partager ses droits de domaine comme il le jugea à propos, il put également vendre, donner, partager également ou inégalement *ses droits de souveraineté*, distribuer ses descendans en deux ou trois parts ou ne les pas distribuer, constituer sur eux civilement pour les gouverner ou de son vivant ou après sa

mort qui il jugea à propos. *La souveraine-*
té sur les hommes se transmet comme tous
les autres droits.

Et qu'on ne vienne pas nous dire, avec
le couroux orageux *de J. J. Rousseau*, voilà
donc les hommes que l'on vend, que l'on
échange, dont on trafique comme d'un vil
bétail! au bruit menaçant de ces grands mots,
il semble que tout soit perdu. Point du tout.
Ce n'est que du vent.

Quand je constitue un précepteur sur
mes enfans; je ne lui donne pas le droit de
les atteler à mes équipages comme des chevaux, ni de les mener paître comme des
boeufs. Quand je constitue un précepteur
sur mes enfans, je ne lui remets que le droit
que j'ai, de gouverner des hommes, et quand
je vends ma souveraineté *à Pierre ou à Jac-*
ques, je ne peux lui vendre que ce que j'ai
c. à. d. le droit de gouverner des hommes
et de les gouverner selon les lois, puisque
je n'ai pas moi-même d'autre droit sur eux. *)

---

*) Gouverner selon les lois, ce n'est pas les faire,
   c'est les suivre. C'est se conformer rigoureusement
   dans la législation d'abord à la loi naturelle, se-
   condement à d'anciennes lois civiles dont la justice
   et la bonté aient été éprouvées par le temps.
   Quand on gouverne, soit en vertu de sa volonté
   personnelle, soit en vertu des volontés d'une as-

Quand le même auteur ajoute dans un autre endroit que, pour mieux tenir les hommes, les souverains ont eu soin de s'intituler les rois du pays, *roi de France, roi d'Es-pagne etc.* au lieu de s'intituler le roi des François, le roi des espagnols, c'est toujours la même méprise, le même esprit de ténèbres sur la souveraineté.

Pour mieux tenir les hommes ! .. Il semble que pour tenir les hommes, les souverains aient besoin d'un terrain. C'est une fausseté palpable. Les chefs des scythes et des tartares ambulans n'ont pas de terrain fixe. Cela n'empêche pas qu'ils ne sachent bien tenir leurs sujets. Les chefs des colonies, quand ils partoient pour des pays lointains, n'avoient pas encore de terrain fixe; cela n'empêchoit pas qu'ils ne sussent bien tenir leurs sujets. *Israël* dans le désert n'avoit pas encore de terrain fixe, cela n'empêchoit pas que dieu ne sût bien le contenir.

semblée (ce qui est encore cent fois pis) ce n'est pas *régner par la loi*, c'est la dominer, et la faire servir indignement à ses cupidités. Et s'il reste encore des lois dans les gouvernemens où la législation est livrée aux caprices des hommes vivans, c'est qu'on sent malgré soi la nécessité de respecter les lois anciennes et de renoncer à la désastreuse définition qu'on donne des lois.

Enée, tant qu'il fut sur ses vaisseaux, n'avoit pas encore de terrain fixe; cependant il savoit bien tenir ses troyens. Comment donc cela? par le droit de vie et de mort que les souverains ont sur les personnes, et par d'autres pouvoirs qu'ils ont sur les choses.

P. IV.

De quoi se compose la souveraineté.

Ce n'est donc pas le domaine universel sur tout un pays qui constitue *la souveraineté* dans son essence. C'est *l'autorité universelle sur les hommes.* Avant de s'établir à Babylone, *Nemrod* étoit le souverain naturel de ses descendans. Avant d'arriver en Egypte *Cham* étoit le souverain des siens; il en fut de même de *Chanaan* et de tous les autres grands chefs de famille. Dès l'instant qu'ils furent séparés de la cité primitive, ils furent souverains de droit, sans cependant avoir de terrains; par cela seul qu'ils avoient *autorité* sur les hommes. On sait très-bien que ces souverains, quand une fois ils eurent un pays, s'intitulèrent, dès ces premiers temps, les rois du pays: *roi d'Egypte, roi de Babylone, roi d'Argos etc.* et ils devoient le faire. Pourquoi cela? parce qu'en faisant planter et cultiver ce pays par les hommes qui leur étoient soumis, ils acquéroient sur le pays des droits de domaine.

Si jamais les François ou les anglois deviennent des peuples ambulans, que leurs chefs s'intitulent *roi des François, roi des Anglois*, comme autrefois *les chefs des Francs, les ducs des Normands*, rien de plus simple. Il seroit absurde qu'ils s'intitulassent les rois d'un pays, tandis qu'ils n'en auroient pas; mais quand ils en ont un, qu'ils s'intitulent simplement le roi des François, le roi des anglois, c'est une autre balourdise. Pour exprimer en même temps et *l'autorité* qu'ils ont sur les hommes et *le domaine* qu'ils ont sur le pays, il faut qu'ils s'intitulent *roi de France, roi d'Angleterre*, c. à. d. roi des François et du pays occupé par les François, des anglois et du pays occupé par les anglois; *duc de Normandie*, c. à. d. duc des Normands et du pays dont ils se sont emparés par leurs Normands etc. En ajoutant à celle des hommes la souveraineté qu'ils ont acquise sur le pays, cessent-ils pour cela d'avoir *autorité* sur les hommes? est-il dit pour cela qu'ils ne tiennent les hommes que par le pays? c'est un ramas de paradoxes, d'inepties et d'extravagances qui fait pitié. Preuve certaine que quand on n'a que des notions fausses et embrouillées, on peut écrire et parler beaucoup *sur les gouvernemens*, sans savoir ce qu'on dit; faire et défaire beaucoup de constitutions, sans savoir ce qu'on fait.

Dans le fait, *J. J. Rousseau* et tous ceux qui se sont jettés dans le systême des conventions sont fort embarassés. Se trouvant partout réduits à l'impossible *) n'ayant pas la plus petite teinture de ce qu'on appelle *domaine*, *puissance*, *autorité*, *souveraineté*, confondant ensemble tous les élémens constitutifs des gouvernemens, comment veut-on que cette confusion complète de termes qui produit un chaos complet dans leurs idées, ne passe pas de leur tête dans leurs livres, de leurs livres dans leurs opérations. Comment veut-on que leurs ouvrages ne soient pas inintelligibles, que tous leurs essais ne soient pas désastreux? comment veut-on que des ouvriers qui touchent à des machines compliquées qu'ils ne connoissent pas, ne mêlent pas tout, ne brisent pas tout, ne jettent pas partout la confusion et le désordre?

Mais aussi d'après une expérience si cruellement et si solennellement constatée, a-t-on acquis et malheureusement payé bien cher le droit de leur crier avec force: „puis-

---

*) Nous avons prouvé l'impossibilité absolue de faire: ni lois, ni constitutions dans ce systême. (*Contrat social* 1ere partie.)

„ que vous ne connoissez rien à ces machi-
„ nes importantes, pourquoi donc y touchez-
„ vous? puisque vous ignorez complètement
„ l'organisation essentielle des gouvernemens,
„ pourquoi vous en mêlez vous? tant que
„ vous confondrez *l'autorité et le domaine,*
„ les personnes et les choses; que vous ima-
„ ginerez que *la souveraineté* est de la terre;
„ qu'on ne tient les hommes que par la ter-
„ re, par la force et par la terreur, qu'on
„ n'a point de droits essentiels sur eux, que
„ voulez-vous qu'on attende de vos ouvra-
„ ges; que voulez-vous surtout qu'on attende
„ de vos opérations? . . "

Le premier fondateur d'un peuple par
ses enfans produisit d'autres enfans, dont il
fut la source et *l'auteur universel*, et par-là
il eut *autorité universelle* sur les hommes.
Voilà la pièce essentielle et constitutive *de
la souveraineté.* Par ses hommes, il éleva
des bestiaux, il multiplia ses bleds, il s'é-
tendit sur tout un pays et eut *domaine universel* sur les bestiaux et sur le pays. De-là
la souveraineté sur les choses: quand on transmet à d'autres *sa souveraineté*, on leur transmet tout ce qu'on a. Mais comme c'est par
les hommes qu'on fait tout, qu'on multiplie
tout, qu'on s'empare de tout, qu'on défend
tout; c'est surtout dans *l'autorité universelle*
qu'on a sur les hommes que consiste *la sou-*

veraineté; sans eux, on n'en auroit pas sur les choses. *)

P. V.

Que l'ordre civil ne fait que perpétuer nos droits naturels.

Parce que le fondateur de chaque peuple transmit civilement à d'autres ses droits de souveraineté sur les personnes et par suite sur les choses qu'elles possédoient; est-il dit

---

*) Lors de la découverte de l'Amérique, il n'y avoit encore dans ce vaste continent que deux grandes puissances, celle du *Mexique et celle du Pérou.* Parmi les autres tribus quelques unes avoient déjà des caciques, mais beaucoup d'autres n'avoient encore que *des anciens.* Mais ces *anciens* en étoient ils moins, chacun à la tête de leur maison, une petite puissance qui avoit commencé par gouverner d'abord une famille, ensuite plusieurs familles, ensuite un village? n'étoit-ce pas à ces *anciens* qu'il appartenoit d'élire le *cacique* qui devenoit ensuite empereur. *La souveraineté* n'est-elle pas toujours la même; ne prend-elle pas toujours sa source dans l'auteur universel de chaque tribu?

que les personnes, les choses et les droits de souveraineté qu'il avoit sur elles n'étoient pas des objets naturels? c'est une méprise, ce sont des objets et des droits très-naturels qui passèrent *civilement* dans d'autres mains, et qui continueront de se transmettre civilement en vertu de sa volonté suprême, sans jamais cesser d'être *naturels:* et ce qui nous paroît difficile à concevoir relativement à la souveraineté deviendra palpable si nous pensons à tous nos autres droits. Tous nos biens, toutes nos possessions, tous nos droits en général et sans exception, ne nous viennent-ils pas de la nature, ne sont-ils pas *naturels* dans leur source? la terre que je possède ne vient-elle pas originairement par la création de l'auteur de la nature, n'est-ce pas un bien *très-naturel?* Cependant si j'en suis propriétaire, je la donne, je la vends, je la partage, j'en fais des dispositions civiles. Les bestiaux que j'élève ne se multiplient-ils pas par voie de génération; ne sont-ce pas des biens *très naturels?* cependant je les donne, je les partage, je les transmets à d'autres par des dispositions civiles. Une pomme ne peut venir que d'un pommier, c'est un bien *très-naturel* en lui même. Cependant quand elle est à moi, je la donne, je la vends, je la partage en trois ou en quatre, je n'ai d'autre règle que mes volontés, et il en est de même de tous les fruits de la terre.

L'autorité universelle sur une portion quelconque du genre humain vient aussi essentiellement *de l'auteur universel* qu'une pomme d'un pommier; c'est un droit très-naturel sur des objets très-naturels en eux mêmes: quoi de plus naturel que des hommes! quoi de plus naturel. que la manière dont on acquiert *autorité* sur eux et dont cette *autorité* se multiplie! Si je suis le premier propagateur d'un peuple: dans dix mille ans, si ce peuple subsiste encore, mes descendans seront toujours mes descendans, leur corps sera un extrait de mon corps, mon sang circulera dans leurs veines. Quand le fondateur d'un peuple seroit mort il y a dix mille ans, il revit, il se régénère perpétuellement dans ses descendans, *sa génération* se propage par leur génération, *son autorité* universelle se perpétue par leur autorité, *ses travaux* se régénèrent perpétuellement par leurs travaux. Les hommes et la souveraineté qu'on a acqnise sur eux par l'acte de la génération sont le plus vivace, le plus naturel, le plus indestructible de tous les biens et les dispositions civiles qu'on en fait n'empêchent pas que ce ne soient des biens et des droits infiniment naturels en eux mêmes.

Il en est qui demandent comment les droits d'un fondateur mort peuvent subsister deux mille ans après lui? c'est parce que les objets sur lesquels portoient ses droits subsistent deux mille ans après lui et peuvent en subsister dix mille. *Ses descendans ne subsistent-ils pas?* Eh bien! les droits de souveraineté qu'il avoit sur eux passeront de main en main, dans quelque pays qu'ils soient, jusqu'à ses derniers successeurs, en vertu de sa volonté suprême, et il en est de même de tous les autres droits. *Vos ancêtres ne sont-ils pas morts?* eh bien! cependant les droits qu'ils avoient sur leurs terres et sur leurs domaines vivent encore, et ils passeront à perpétuité à leurs successeurs en vertu de la volonté législative du fondateur. C'est en vertu de leurs droits toujours subsistans que vous possédez: sans quoi il faut brûler tous nos titres. Tous les Publicistes et Jurisconsultes sont parfaitement d'accord là-dessus. *)

----

*) D'après cela, que cette autorité universelle passe-à l'ainé ou aux cadets, à un ou a plusieurs, a des eaciques ou à *des rois*, à des députés, *ou à des empereurs*: qu'elle y passe par élection, par proclamation ou par héritage! quest-ce que tout cela fait? L'autorité universelle en est-elle moins *monarchique* non-elective et *très naturelle* dans sa source?

P. VI.

Du terme : héritage et du titre : héritiers.

De-la le terme *d'héritage* et le titre *d'héritiers.* Des héritiers sont ceux à qui les droits
d'un propriétaire restent inhérens et attachés
après sa mort. De-là deux sortes d'héritages.
Tout ce que des enfans tirent de leur père
par le canal de la naissance, tels que le sang,
la vie, le degré de naissance, l'autorité partielle qu'ils ont sur la portion du genre humain qu'ils engendrent : enfin tout ce qui leur
est transmis par des actes naturels, s'appelle
un héritage naturel.

Tout ce qui leur vient de leur père par
un effet de ses volontés tels que les terres,
les meubles, les bestiaux, l'autorité universelle qu'il avoit sur tous ses descendans,
s'appelle *un héritage civil.* Ils ne le tiennent qu'en vertu de ses volontés, mais cela
suffit. Fussé-je simple particulier, dès que
j'ai légué à quelqu'un le droit que j'avois sur
un bien, conformement à la volonté suprême
du fondateur, ce droit lui reste tellement inhérent, tellement attaché, *ita hœret*, que ni
la force, ni la violence, ni le vol, ni l'usurpation ne l'en détacheront jamais.

Il est des conventionnels qui, pour se
débarasser de ce fondateur de chaque cité,

qui traverse si mal à propos leurs idées, le font mourir subitement, ou bien tomber en démence, ou bien, pour en finir plus-tôt, qui le font tuer d'un coup de pistolet par son valet qui se met à sa place. Mais quand on tue quelqu'un, on ne tue pas ses droits, et quand quelqu'un meurt, ses droits ne meurent pas avec lui. . . Si un valet tuoit votre père et qu'il se mît à sa place; à qui seroit le bien de votre père? seroit-il à celui qui l'auroit tué, *ou à vous?* il seroit à vous. *Pourquoi cela?* parce que sa volonté légale et interprétative vous le transmet, et qu'elle ne le transmet pas au voleur. On a beau faire tuer *l'auteur universel* d'un peuple, on ne tue ni son autorité, ni son esprit, ni ses volontés, et sa souveraineté se transmettra, en vertu de son esprit et de ses volontés à ses véritables successeurs, sans qu'aucun accident puisse en déranger le cours, et il en sera de même de tous les autres droits et de toutes les autres propriétés de son peuple.

Puisque les volontés soit formelles, soit interprétatives du fondateur de chaque cité étoient de si haute importance, qu'elles devoient servir de règle éternelle pour tous les héritages, pour toutes les constitutions, pour toutes les lois et pour toutes les propriétés; puisque la moindre altération dans leur texte ou dans leur véritable interprétation ébranloit toutes les fortunes, tous les états et le

repos de la cité toute entière, on peut juger
avec quelle attention ces volontés furent
écoutées, avec quel soin elles furent recueil-
lies, avec quelle vigueur elles furent défen-
dues, avec quelle ponctualité elles furent ob-
servées ; combien ses successeurs et toute la
cité furent intéressés à ce qu'il y eût perpétuellement une force publique pour les maintenir, des tribunaux pour les conserver, des
juges pour les appliquer et les faire passer
d'âge en âge. De-là l'impossibilité absolue
d'interrompre un seul instant le gouvernement
civil. De-là l'intérêt de tous les héritie   de
la souveraineté de régner par les lois, le dan-
ger de toucher *à l'esprit du fondateur*, l'im-
possibilté absolue de l'ébranler, sans ébranler la cité toute entière, puisque tous les héritages, toutes les successions et la souveraineté elle-même sont suspendues comme
par un fil à la volonté primitive du fondateur.

Il en est donc éxactement *de la souveraineté* comme de tous les autres droits. Si
on me demande, parmi les diverses constitutions primitives, laquelle fut la plus juste?
Je répondrai qu'elles le furent toutes, puisque chaque fondateur put disposer de sa souveraineté, comme il le jugea à propos. Mais
si l'on me demande si elles furent toutes également avantageuses, je répondrai qu'il s'en
faut de beaucoup. Dans les pays où le fonda-

teur prononça que sa souveraineté seroit également partagée, en peu de temps les royaumes devinrent trop petits, les chefs trop peu
puissaus, les peuples écrasés par des guerres
perpétuelles. *L'égalité dans les partages se-*
ra toujours ruineuse dans toutes les espèces
de successions. Quand on est le maître absolu de constituer comme on le veut, il vaut
beaucoup mieux léguer sa souveraineté à un
seul qu'à plusieurs, à ses enfans qu'à des
étrangers, à la naissance, qu'à l'élection. La
meilleure de toutes les constitutions civiles,
sans contredit, est celle qui se rapproche le
plus de celle de la nature.

P. VII.

De l'antique Constitution Françoise.

Une monarchie qui subsistoit depuis plus
de quatorze cens ans *avoit-elle une constitution?* c'est une question extravagante à laquelle je me garderai bien de répondre. Je
me contenterai d'observer rapidement et en
deux mots qu'elle avoit la plus belle, la
meilleure, la plus naturelle de toutes les constitutions.

Ne disputons point aux femmes le ta-
lent sublime de gouverner. Dès l'origine des

temps, *les semiramis* ont montré à l'univers
tout ce dont les femmes sont capables, et depuis l'origine des temps, l'univers a vu plus
d'une sémiramis.

Ne disputons pas non plus aux souverains le droit d'appeller les femmes *à la souveraineté*; nous avons prouvé qu'ils pouvoient
transmettre civilement leurs droits à qui ils
jugeoient à propos.

Cependant, quoique les femmes, par des
dispositions civiles, puissent très-certainement être appellées *à la souveraineté*, elles
n'y sont point appellées par l'institution
même de la nature. Destinées à nourrir, à
fomenter, à alimenter *le fœtus* jusqu'a ce
qu'il soit en état de voir le jour, malgré tout
ce qu'en ont dit quelques écrivains systéma-
tiques, leur conformation même atteste hautement qu'elles ne sont point faites pour le
donner, mais pour le recevoir. Quoiqu'elles
partagent *l'autorité* en second, tout démontre que l'homme en est la source, que c'est
du père comme principe générateur que dérivent originairement tous ses descendans. *)

---

*) Dans l'ordre de la génération, pourquoi deux
   sexes? pourquoi des vivipares et des ovipares?
   pourquoi les deux sexes sont-ils divisés dans
   les uns, réunis dans les autres? les naturalistes
   nous donnent toutes ces diverses combinaisons

Ce qu'il y a de bien certain, c'est que
par l'institution même de la nature, la femme

———

comme des jeux et des amusemens de la nature,
et moi je dis qu'il n'en est pas une seule qui
n'ait sa raison spéciale. *Pourquoi deux sexes ?*
parce que si tous les germes prenoient leur accroissement dans le réservoir qui les contient, ils se
nuiroient les uns aux autres ; au lieu qu'ainsi l'accroissement se fait à part, quand on le veut, dans
une matrice faite exprès. *Pourquoi les deux sexes
sont-ils souvent divisés dans deux individus
différens ?* parce que dans les espèces destinées à
de grands travaux, à de grands combats, *le fœtus*
courroit de grands dangers, si le mâle portoit la
matrice. *Pourquoi les deux sexes sont-ils
réunis ailleurs ?* c'est dans les espèces sédentaires
qui trouvent leur pâture dans l'endroit où elles
sont nées; alors chaque individu peut porter *son fœtus.*
Pourquoi des vivipares ? parce que toutes les
espèces qui sont appuyées solidement sur la terre,
peuvent porter *le fœtus* plus long tems. *Pourquoi
des ovipares ?* parce que toutes les espèces qui
ont besoin de voler dans les airs ou de nager dans
les eaux et d'aller loin, ont besoin d'être légères.
En conséquence la femelle après avoir déchargé le
mâle de ses petits, se décharge elle-même de ses
oeufs,.... etc. etc. *Qui est-ce qui a raisonné*

n'est point *le chef* ni de la grande ni de la petite famille, c'est bien certainement *l'homme.* La femme qui lui est naturellement soumise, ne lui a été donnée que comme une aide et une compagne, qui, après avoir porté ses petits dans son sein, les couvre paisiblement de ses ailes, jusqu'à ce qu'ils soient en état de suivre le père aux gros ouvrages. Ses goûts, ses talens, la délicatesse de sa complexion font voir qu'elle n'est destinée que pour l'intérieur, tandis que l'homme, par sa conformation mâle et robuste, est fait pour la fatigue, l'agriculture, les travaux et les combats. Si, dès l'origine, on vit des femmes prendre les rênes du gouvernement, ce ne fut qu'après les hommes, à leur place, ou à leur défaut, comme les mères remplacent quelquefois le pères, en l'absence ou après le décès de leurs maris.

C'est d'après ces principes évidens puisés dans la nature que, parmi les fondateurs, ceux qui admirent les filles à la suc

------

tout cela? je le demande. .. Ce qu'il y a de bien certain, c'est qu'il n'est pas une seule combinaison qui n'ait sa raison prise dans la destination de chaque être, et qu'une histoire naturelle raisonnée seroit le plus curieux et le plus instructif de tous les ouvrages.

cession de leur souveraineté, ne les y admirent généralement parlant qu'à défaut d'hoirs
mâles : c'est d'après ces principes évidens
puisés dans la nature elle-même, que chez
plusieurs peuples, comme chez *les Germains,
les Francs, les Bourguignons etc.* Les femmes
en étoient formellement exclues. La terre
salique, c. a. d. la terre où étoit le manoir
du chef de la famille étoit exclusivement léguée aux mâles. Cette constitution étoit en
vigueur long-tems avant l'invasion des Gaules ; les Francs la tenoient de leurs antiques
fondateurs, et sans toucher aux coutumes
des peuples vaincus, ils conservèrent res-
pectueusement l'excellente constitution de
leurs pères.

I. Dans la constitution françoise, les
femmes sont donc exclues du trône : parce
que dans la constitution de la nature, c'est
l'homme, ce n'est pas la femme qui est le
chef de la famille.

II. Dans la constitution françoise, le gouvernement étoit *monarchique ;* parce que,
dans la constitution de la nature il n'y a
qu'un seul chef universel à la tête de chaque
branche du genre humain, que l'autorité est
essentiellement une.

III. Dans la constitution françoise, c'est
le plus proche du sang dans l'ordre de la
primogéniture qui succéde au trône ; parce
que dans l'ordre de la nature, c'est effecti-

vement le plus proche dans l'ordre de la primogéniture qui se trouve le plus voisin du
chef universel.

IV. Dans la constitution françoise, le
gouvernement n'est point électif; parce que
dans la constitution de la nature le chef de
la famille ne dépend point du choix de ses
descendans, il existe essentiellement avant
eux.

V. Dans la constitution françoise, c'est
au souverain à convoquer les états; parce
que, dans la constitution de la nature, c'est
au chef de famille à convoquer ses enfans.

VI. Dans la constitution françoise, c'est
le souverain qui porte les loix; parce que
dans la constitution de la nature, ce fut très-
certainement le père primitif qui fit les partages.

VII. Dans la constitution françoise, le
souverain ne régnoit que par les lois, parce
que dans la constitution de la nature, les successeurs du fondateur ne peuvent être que
les organes de ses volontés.

VIII. Enfin dans la constitution françoise, le pouvoir législatif n'étoit point li-
vré aux caprices des hommes vivans; parce
que dans la constitution de la nature la loi
est fixe et invariable comme la volonté tes-
tamentaire d'un homme mort. La constitution françoise n'étoit point écrite dans ses
détails; parce que dans la constitution de

la nature tous les êtres bien conformés sont libres dans leurs developpemens. C'étoit un arbre monarchique héréditaire planté dès l'origine par les fondateurs, qui avoit déployé progressivement ses vastes rameaux sur la tête du peuple françois. Voilà pourquoi cette constitution étoit si belle, les loix y étoìent si parfaites, voilà pourquoi le gou-vernement y étoit si doux, la sécurité y étoit si grande, le peuple y étoit si attaché à sa patrie.

La raison, l'histoire, l'expérience, le bon sens, la foiblesse des objections, l'im-possibilité absolue du système convention-nel, tout nous crie hautement qu'en remon-tant à l'origine de chaque nation, ce fut *le père universel* qui établit ses enfans, qu'aus-sitôt qu'il eut des enfans établis, les parts furent faites, les loix furent portées, les re-lations civiles existérent, qu'ainsi le gou-vernement civil naquit nécessairement et im-médiatement de la séparation domiciliaire des premiers enfans long-temps avant qu'il pût y avoir des peuples. Fussé-je le seul qui l'eût dit, si j'ai la vérité pour moi, tout nous invite à abjurer des erreurs dont nous avons été si longtems les tristes victimes.

P. VIII.

Confrontation générale des auteurs.

Mais que sera-ce, si au cri de la nature, de l'histoire et de la raison nous ajoûtons la déposition générale des bons auteurs, qui tous, après avoir distingué parfaitement avec nous les trois époques dont nous parlons 1. l'ordre naturel; 2. l'ordre civil; 3. l'ordre politique: 1. *la famille*, 2. *la cité*, 3. *le royaume;* font tous naître immédiatement *la cité* du mariage des premiers enfans, par la multiplication elle seule des familles; et s'accordent tous à placer dans le père commun et universel *la souveraineté*, *la législation*, et conséquemment *le gouvernement civil* de chaque cité naissante.

Dans une confrontation aussi importante, nous ne balancerons pas de reproduire ici plusieurs témoignages dont nous nous sommes déjà servis, soit pour les citer plus amplement, soit pour les appliquer à la question actuelle, soit pour les réunir sous un même point de vue et en former une masse de preuves, qui, agissant toutes ensemble, puissent porter au préjugé contraire des coups plus décisifs. *)

---

*) Cette confrontation est bien importante; car si

I. Après avoir fait l'impossible pour expliquer ce qui ne s'expliquera jamais, la génération des corps civils par les peuples, voici ce que dit *Pufendorf* (de generatione summi imperii civilis libr. 7. cap. 3.)

Non tamen adeo impossibile est quin ex imperio patris familias, complures sub se Vi-cos habentis imperium civile potuerit emerge-re etc.

„ Il n'est cependant pas impossible, dit
„ ce savant auteur, qu'un père de famille
„ qui auroit dans son domaine plusieurs vil-
„ lages ne pût acquérir sur eux la puissance
„ civile; car si ce père de famille, ayant

---

tous les auteurs font naître *la cité* immédiatement *de la famille*, du vivant et sous le gouverne-ment *du père universel*, il sera prouvé que dans chaque pays, *le gouvernement civil* existoit long-tems avant les peuples et que *l'autorité civile* ne peut pas être leur ouvrage; car très-certaine-ment, le peuple qui devoit sortir un jour des en-fans *du père universel*, n'existoit pas encore, lors de l'établissement des premiers enfans. *La cité naquit elle immédiatement de la famille fut-elle crée, gouvernée, fondée immédiatement dans chaque pays par le premier père de fa-mille ?* voilà le point décisif sur lequel il faut con-sulter les auteurs.

„ sous lui une troupe nombreuse d'esclaves
„ et de descendans, en les émancipant eux
„ et leurs familles, leur permet de s'établir
„ dans ses dépendances, à condition qu'ils
„ ne formeront avec lui qu'une communauté
„ et qu'ils lui obéiront, je ne vois pas,
„ ajoute-t-il, ce qui lui manqueroit pour l'éle-
„ ver à la dignité de prince. *Quid isti dein-*
„ *ceps ad principis dignitatem defuturum sit*
„ *non video.* "

Ce qui n'est pas impossible, de l'aveu
de Pufendorf, est précisément ce qui arriva
nécessairement sous le premier chef du genre
humain et sous le premier Propagateur de
chaque pays: dès que la famille primordiale
qu'il engendra fut formée, elle se sépara nécessairement en plusieurs familles, ce qui
forma *la cité*: cette cité par l'accroissement
progressif de la population se divisa en plusieurs cités qui formèrent *le royaume*.

1. *La famille*; 2. *la cité*; 3. *le royaume*.
Voilà les trois époques dont nous parlons,
qui se succédèrent nécessairement dans la formation des gouvernemens. Dès la première
génération, lors du mariage des premiers enfans, aussitôt que le père commun eut fait
les parts, il n'eut pas besoin de faire d'autres conditions, ses volontés devinrent essentiellement des loix, auxquelles il fallut perpétuellement recourir; ses ordres, ses pouvoirs, son autorité, son gouvernement enfin

devint necessairement civil long tems avant
l'existence des peuples. Donc l'ordre civil
ne fut pas l'ouvrage des peuples. Il fut
nécessairement créé par le premier père de
famille qui parut dans chaque pays. Voilà·ce
que nous disons. . . . *Pufendorf* est évidem·
ment d'accord avec nous sur la possibilité.
Hertius, *Barbeyrac*, *Mascovius* ses commentateurs pensent de même: ainsi voila déjà
bien des partisans des conventions qui se
réconcilient avec notre avis.

II. *Grotius de jure belli et pacis libr.* 1.
cap 3. ne convient pas seulement avec *Pufen·
dorf* de la possibilité , il affirme que dans
l'origine il y eut beaucoup de pères de famille
qui devinrent souverains de plein droit, ou
par l'émancipation de leurs enfans, ou par
conquêtes: *pleno jure.* Il prétend qu'il faut
rejetter avec indignation l'opinion de ceux
qui enseignent que tous les souverains tirent
originairement leurs pouvoirs des peuples. ..
Il y a plus: dans son commentaire sur le 4.
commandement, il dit expressement et en
général „ que les hommes sont enchaînès les
„ uns au dessons des autres, les enfans au
„ dessous des pères, les pères au dessous
„ des ayeux, et que c'est de cette subordi·
„ nation formée par la nature elle même que
„ les bourgades et les cités tirérent leur ori·
„ gine dans les premiers tems. *Undé tota illa.*
„ *necessitudinum series, eadem que antiquis,*

„ *sima civitatum et pagorum origo* “ Voila bien *la cité* qui nait immédiatement de la séparation de la première famille sous l'autorité naturelle des pères subalternes subordonnés *au père civil*, comme nous l'enseignons.

D'après cela on ne sera plus surpris de voir *J. J. Rousseau* (*cont. soc. chap.* 2. Témoigner franchement *à Grotius* tout son mécontentement et le rejetter dédaigneusement comme un écrivain qui lui est contraire. Tous les commentateurs *de Grotius* ne le contredisent point sur cet article. Ainsi, de l'aveu des adversaires, voilà déjà beaucoup de grandes autorités qui sont pour nous.

III. Mais ce que *Grotius* ne dit encore qu'incomplettement et dans certains endroits, une infinité d'autres auteurs le disent généralement, sans tergiversation et sans réserve.

J. Fréder. Hornius de civit. lib. 1. *cap.* 4. Soutient „ Que dans l'origine, les cités ont été „ nécessairement l'ouvrage de la nature: „ qu'elles se sont trouvées formées par le „ simple développement de la génération et „ la division des familles elle seule : *civita-* „ *tem opus naturæ, quæ naturali ordine ac* „ *consecutione sit producta,* c. a. d, ajoûte-til: „ que le premier homme et la première femme „ d'ou sont sorties toutes les branches du „ genre humain, se trouvant unis ensemble „ par l'amour conjugal, et les enfans se trou„ vant enchaînés avec eux par les liens les

„ plus étroits du sang et du devoir, on vit
„ dabord paroitre la première famille, la-
„ quelle croissant et se multipliant de plus en
„ plus, produisit assez de familles pour for-
„ mer des bourgades et des cités qui envo-
„ yérent ailleurs des essains et des colonies.
„ Que les premiers hommes se soient jamais
„ dispersés dans les bois et dans les déserts
„ pour y mener une vie errante et vagabonde
„ comme les bêtes féroces : c'est, selon lui,
„ un conte absurde qui répugne à la raison
„ et au bon sens : *ad ferarum instar homines*
„ *vagam degisse vitam, velut commentum ex-*
„ *plodendum* “ je demande si *la cité* ne se
„ forme pas ici immédiatement de la séparation domiciliaire sans aucun intervalle de
dispersion, et si nous avons dit rien de plus
fort? . . .

IV. *Mr. Rollin hist. ancienne avant-pro-*
pos ch. 2. après être remonté, comme il le
dit lui-même, à l'origine des choses, c'est à
dire au tems où les hommes répandus en
diverses contrées commencerent à peupler la
terre, s'exprime ainsi:

„ Dans ces premiers tems, chaque père
„ étoit *le chef souverain* de sa famille, l'arbi-
„ tre et le juge des différends, *le législateur né*
„ de la petite société qui lui étoit soumise.,
„ A mesure que chaque famille croissoit par
„ la naissance des enfans et la multiplicité
„ des alliances, leur petit domaine s'éten-

„ doit et elles vinrent peu à peu à former des
„ bourgs et des villes. "

Le savant auteur du journal de trévoux,
le père Berthier dans les observations sur le
contrat social de *Rousseau* se sert des mêmes
termes que *Mr. Rollin.* „ Dans l'origine des
„ choses, dit cet écrivain judicieux, la pre-
„ mière famille fut le premier peuple: quand
„ elle est devenue nombreuse, elle s'est par-
„ tagée, et de là sont venus les divers peu-
„ ples, *toujours sous l'autorité des pères. . .*
„ Il ne faut donc pas, ajoûte-t-il plus bas,
„ s'embarasser dans l'examen de ce qu'on
„ appelle peuple et dans la recherohe des
„ origines de la souveraineté : le premier
„ peuple fut encore une fois la première
„ famille et le premier souverain fut le pre-
„ mier père. "

Se peut-il rien de plus clair que ces deux
textes, où la première famille se divisant
d'abord en plusieurs familles forme naturellement *des bourgades et des cités,* dont le premier père devient immédiatement *le législateur et le souverain,* sans laoune et sans convention quelconque?

V. Veut on des autorités plus anciennes?
qu'on lise *Homere, Aristote, Platon,* tout ce
qu'il y a de plus respectable dans l'antiquité
et qu'on saisisse bien l'esprit de tous ces auteurs, on verra qu'il font naitre immédiate-

ment l'autorité civile de l'autorité naturelle par la multiplication seule des familles.

Homere appelle les rois les enfans de *Jupiter.* Il dit que c'est le maître des dieux qui leur a donné le sceptre, et qui les a établis pasteurs des peuples. *Illiad. lib.* 2. C'est aussi ce que nous disons. *L'auteur civil* de chaque peuple a été constitué par dieu lui même.

Platon dans sa rep. liv. I. dit encore plus expressément qu' Homere, qu'il ne met aucune différence entre l'autorité royale, l'autorité civile, et l'autorité de famille; qu'elles sont toutes de même nature, et qu'elles dérivent toutes des pères. *Hanc seu regiam quis seu civilem, seu familierem nominet disciplinam, civilem scientiam, civilem hominem, regiam atque regium nihil interesse putamus.* Que dans l'origine ce furent les pères de famille qui devinrent insensiblement des rois. *Ex patribus familias paulatim factos reges.* De là la petitesse des cités primitives dans presque toutes les parties de la terre, *in plerisque orbis partibus:* mais que la petitesse des cités n'y fait rien; que l'autorité est toujours la même: *Pater familias etc, dominus idem est. . . . Numquid refert amplane an angusta sit urbs ad imperium? nihil.*

Mais parmi les anciens, celui qui s'explique le plus clairement de tous sur cet article, c'est Aristote, lorsqu'il affirme dans sa politique. *Liv.* 1. *ch.* 1. *et* 2. que la cité est évidemment l'ouvrage de la nature, et que par l'arrangement seul de la nature, l'homme est manifestement un animal civil: *ex his perspicuum à naturâ civitatem esse, atque hominem naturâ civile animal esse*: que dès l'origine l'empire que les pères exerçoient sur leurs enfans étoit un empire royal: *imperium filiorum regium erat.* En effet, dit-il, développant sa pensée, il est aisé de concevoir que par la multiplication seule des enfans et des petits enfans, la maison primitive de chaque pays forma bientôt un village, lequel ne tarda pas à devenir une cité. C'est pour cela, ajoute-t-il, que dès l'origine les cités avoient des rois, et que les nations en ont encore maintenant, par la raison qu'elles en avoient déjà avant de se réunir en grands gouvernemens. *Ex natura videtur pagus, colonia, domus esse quœ vocant nonnulli natos, que ac natorum natos. Quapropter et initio à regibus gubernantur civitates, et nunc etiam gentes. Conveniebant enim qui regio imperio assueti forent.* Dans le chap. 9. cet auteur immortel va encore plus loin; il dit expressément que l'autorité royale n'est autre chose par sa nature que l'autorité naturelle qu'un pere a sur ceux qu'il a procrées. *Natura regem discrepare docet. . . Quod sane habet qui procreavit ergà natum ex se.* Quoi de plus clair, et quoi de plus fort? Aussi de l'aveu des adversaires eux mêmes, le peuple chinois qui conserve les moeurs et les opinions de la première antiquité tient-il pour également sacrées l'autorité royale et l'autorité paternelle.

Recueillons l'esprit de cette vénérable antiquité: qu'en résulte-t-il? 1. entre la famille et la cité point d'anarchie ni de dispersions: la cité nait immédiatement de la multiplication des enfans et des petits enfans. 2. quant à la nature, l'autorité royale, l'autorité civile et l'autorité paternelle sont une seule et même chose. 3. elles existoient toutes dès l'origine longtems avant qu'il y eut des peuples, *Initio*. 4. dans chaque pays, le père primitif tenoit son autorité de la nature et non pas des conventions. *Quod sane habet qui procreavit erga natum ex se.* Dans toute cette question avons nous dit autre chose?

VI. Veut-on des autorités sacrées?... l'écriture toute entière, comme nous le verrons à la quatrième question, nous crie, avec l'antiquité: *que toute puissance vient de dieu, que les souverains sont les ministres de dieu, qu'ils n'ont point été constitués par les peuples, qu'ils ont été constitués par dieu même.* C'est aussi ce que nous disons. *Ce père universel* de chaque peuple qui devient insensiblement *souverain*, selon le témoignage de tous ces auteurs, avoit très-certainement été

constitué par dieu lui même longtems avant
l'existence des peuples.

Le Démosthênes chretien, comme le
dit *Mr. Bossuet, le grand Chrisostôme (dans
son homél. sur le 13 chap. de l'épit. aux romains)* enseigne expressément: que l'arrangement des corps civils vient immédiatement
de dieu lui même. „ Que dieu a établi de
„ la subordination parmi les hommes, com-
„ me il en a établi dans tous ses autres ou-
„ vrages, parmi les abeilles, parmi les bes-
„ tiaux, parmi les poissons eux mêmes, et
„ surtout, comme il en a établi dans le corps
„ humain, dont tous les membres déjà sub-
„ ordonnés entr'eux, sont tous subordonnés
„ à un seul chef dont ils reçoivent les ordres‟
toutes comparaisons dont nous nous sommes
servis nous mêmes, et dont aucune n'annon-
ce des arrangemens de convention, mais des
subordinations instituées sans nous, par l'auteur même de la nature.

Et de peur qu'on n'entende pas bien
son idée, ce grand orateur en fait lui même
l'application (*dans la 34 homélie sur la première aux Corinth.*) Lorsqu'il dit clairement:
que tous les hommes ont eu *dans Adam* un
seul chef et un seul auteur, pour nous montrer que tout est naturellement subordonné à
un seul prince. *Ex uno adamo omnes homines formatos et procreatos esse, ut significa-
retur subordinatio ad unum principem.*

.Toutes ces explications *de St. Jean Chri-sostôme* sont, selon *le père Berthier*, le sens naturel *de St. Pierre et de St. Paul* qu'il explique. C'est aussi le sentiment de St. Irénée liv. 5. chap. 24.

VII. *Mr. Bossuet (dans sa politiq. sacrée liv. 2.)* Après avoir établi pour première proposition; que dieu est le vrai roi; pour 2. qu'il a exercé par lui même l'empire et l'autorité parmi les hommes; établit pour 3 proposition: *que le premier empire parmi les hommes est l'empire paternel.* Pour le prouver, il dit que *les royaumes étant venus des villes et les villes des familles*, le gouvernement de famille est *le principe de toute la société humaine:* que dès l'origine, dieu aiant soumis la femme à l'homme et les enfans à leur père et mère, il ordonna aux hommes d'honorer leur père et mère immédiatement après lui, comprenant dans ce précepte toutes les puissances de la terre ..., Ensuite après avoir observé que les hommes vivoient longtems au commencement du monde, il ajoûte, *que par ce moyen un grand nombre de familles se trouvant réunies sous l'autorité d'un seul grand père, cette union de familles avoit déjà quelqu'image de royaume.* Passant aux exemples il dit qu'assurément durant tous le téms qu'*Adam* vécut, *Seth* lui rendit avec toute sa famille une entière obéissance .... Après le déluge, il cite les exemples *d'Abraham*, *d'Isaac et de Jacob*, qui, étant à la tête de leur famille, libres et indépendans, traitoient d'égal avec les rois, s'allioient avec eux, faisoient la paix et la guerre, et qui ont passé pour rois, même dans les histoires profanes. De-là, ajoute-t-il, tous les peuples de la palestine appelloient leurs chefs *Abimelech*, c. a. d. *mon père le roi*. Certes, les peuples qui devoient sortir un jour de la famille de ces patriarches primitifs n'étoient pas encore nés, et déjà selon *Mr. Bossuet*, ces patriarches étoient souverains: donc *selon Mr. Bossuet*, ils tenoient leur souveraineté de dieu même.

„ N'en doutons pas, dit encore cet hom-
„ me éloquent, répétant cette vérité fonda-
„ mentale des empires (*dans son oraison fu-*
„ *nébre de Marie Thérése d'Autriche reine de*
„ *France*) n'en doutons pas: dieu a préparé
„ dans son conseil éternel *les premières fa-*
„ *milles qui sont la source des nations*.
„ Il a aussi ordonné, dans les nations, les fa-
„ milles particuliéres dont elles sont com-
„ posées; mais principalement celles qui
„ doivent gouverner ces nations, et en par-
„ ticulier dans ces familles tous les hommes
„ par lesquels elles doivent ou s'élever ou
„ se soutenir ou s'abbattre. " *Des nations*
descendues des premières familles, et ces pre-

mières familles déjà gouvernées *par un père commun et universel* constitué par dieu même!... Est-ce bien là ce que nous disons?

Mr. de Fénelon (principes sur la souveraineté chap. 7. origine des sociétés) cet auteur dont les ouvrages feront toujours les délices et l'admiration des bons littérateurs, après nous avoir montré dans l'écriture, comme *Mr. Bossuet*, le genre humain se divisant d'abord en trois branches, ces trois branches se subdivisant en nations innombrables conduites par le chef commun dont chacune étoit descendue: après avoir prouvé par la tradition constante et les annales de l'antiquité, que les grecs et tous les anciens peuples avoient la même idée de la formation primitive des gouvernemens; après avoir affirmé que les historiens de tous les pays conviennent tous, que les différens peuples qui couvrent la face de la terre sont descendus de différens enfans du même père, et que toutes les nations se sont formées naturellement par la division du même tronc en plusieurs branches, il ajoûte: ,, rien de plus ,, conforme que cette idée à ce que nous vo- ,, yons chaque jour dans tous les pays du ,, monde, où les différentes familles et tribus ,, font remonter leur origine jusqu'à un père ,, commun " et pour prouver que ce père commun gouvernoit ses descendans dès l'o-

rigine, il poursuit ainsi „ toutes les tradi-
„ tions anciennes tant sacrées que profanes,
„ nous assurent que les premiers hommes
„ vivoient fort longtems: par cette longueur
„ de la vie humaine et la multiplicité des
„ femmes qu'il étoit permis à un seul homme
„ d'avoir, *un grand nombre de familles se*
„ *voyoient réunies sous l'autorité d'un seul*
„ *grand père.* Chaque père de famille se
„ saisissant d'une portion de terre encore
„ inhabitée la distribuoit entre ses enfans;
„ et les enfans s'emparant de nouvelles pos-
„ sessions, à proportion qu'ils multiplioient
„ en nombre, *la famille d'un seul homme de-*
„ *venoit bientôt un peuple gouverné par celui*
„ *que nous supposons avoir été le père de tous.*
„ C'est là, ajoûte-t-il plus bas, la première
„ origine du gouvernement et de l'autorité
„ des anciens, si respectée parmi les juifs,
„ les spartiates, les romains et chez toutes
„ les nations du monde soit polies soit bar-
„ bares: c'est pour cela qu'anciennement on
„ appelloit les rois, *pères* dans presque tou-
„ tes les langues. " Je le demande: avons-
nous dit rien de plus clair et de plus fort,
non-seulement sur l'origine, mais sur la
distribution des différens peuples, gouvernés chacun *par leur père commun,* qui leur
fait les parts dans chaque pays, lors de la
séparation domiciliaire, longtems avant l'e-
xistence des peuples?

Voilà donc ces deux grands hommes parfaitement d'accord entr'eux, non-seulement sur le fond; mais, ce qn'il y a de bien étonnant, se servant tous deux des mêmes termes, distinguant tous deux avec nous, trois époques bien remarquables et bien suivies. 1. le gouvernement de famille où le père n'a encore sous lui qu'une seule génération, 2. la seconde époque qui suit immédiatement, où *un grand nombre de familles* forment déjà une petite cité *sous l'autorité d'un seul grand père*, qui est déjà leur souverain civil, avant la formation des peuples. 3. Enfin une troisième époque bien postérieure dont nous parlerons par la suite, où la cité primitive se divise en plusieurs peuples qui forment divers gouvernemens.

VIII. Veut-on des autorités plus récentes? voici ce que dit *Mr. de Buffon (génie de Buffon, état de pure nature*, et hist. natur. *tom. 7. pag.* 31.) Après s'être moqué de l'état de pure nature et l'avoir traité *d'état idéal*, le célébre naturaliste dit: „ les eu-
„ fans périroient s'ils n'étoient secourus et
„ soignés plusieurs années, au lieu que les
„ animaux n'ont besoin de leur mère que
„ quelques mois: cette nécessité phisique
„ suffit seule pour démontrer que l'espèce
„ humaine n'a jamais pu durer et se multi-
„ plier qu'à la faveur de la société; que l'u-

„ nion des pères et mères aux enfans est na-
„ turelle puisqu'elle est nécessaire ...

„ Ainsi l'état de pure nature, ajoute-
„ t-il plus bas, est un état connu: c'est le
„ sauvage vivant dans le désert, mais vi-
„ vant en famille .... Examinons donc ce
„ sauvage en famille: pour peu qu'elle pros-
„ pére, il sera bientôt le chef d'une société
„ plus nombreuse, dont tous les membres
„ auront les mêmes manières, suivront les
„ mêmes usages, et parleront le même lan-
„ gage. A la troisième ou tout au plus tard
„ à la quatrième génération, il y aura de
„ nouvelles familles qui pourront demeurer
„ séparées d'habitation, mais qui toujours
„ réunies par les liens communs des usages
„ et du langage formeront une petite nation,
„ laquelle s'augmentant avec le tems pourra
„ devenir un peuple .... S'ils se trouvent
„ gênés entr'eux par le nombre et serrés par
„ l'espace, ils feront des colonies et des
„ irruptions ...

„ Voilà bien encore, même chez les sauvages; 1. la famille 2. plusieurs familles sous
l'autorité d'un seul chef universel constitué
par la génération elle seule, conséquemment
la formation des corps civils telle que nous
l'enseignons: et le tout, sans dispersion, sans

interruption quelconque, par le développement successif des familles.

La même doctrine se trouve dans divers auteurs que les partisans des conventions ne récuseront pas. „ *Mr. de Voltaire (pen-*
„ *sées de Voltaire édit. de* 1765 *pag.* 28.) con-
„ vient que parmi tant de nations si diffé-
„ rentes de nous et si différentes entr'elles,
„ on n'a jamais trouvé d'hommes isolés, so-
„ litaires, errans à l'aventure à la manière
„ des animaux: il faut, dit-il, que la na-
„ ture humaine ne comporte pas cet état et
„ que partout l'instinct de l'espèce humaine
„ l'entraîne à la société. "

„ Je me garderai bien, dit un autre phi-
„ losophe; (*science de la législation tom.* 1
„ *chap.* 5.) de supposer un état de nature
„ antérieur à la société et semblable à celui
„ des sauvages, comme quelques sophistes
„ misanthropes l'ont assuré de nos jours. Il
„ n'est pas permis de méconnoître assez la
„ nature et les caractéres distinctifs de l'es-
„ pèce humaine, pour croire que l'homme
„ ait été destiné à errer dans les bois, ou
„ que l'état de société soit pour lui un état
„ de violence. Loin d'adopter une opinion
„ si erronée, j'ose dire que l'auteur de la
„ nature auroit contrarié l'objet de ses opé-
„ rations, si l'homme, le plus parfait et le

„ plus auguste de ses ouvrages, n'eût pas
„ été destiné par lui à la société . . . . . Et
„ après en avoir développé les preuves fort
„ au long, il ajoûte: ces réfléxions suffisent,
„ ce me semble, pour démontrer que l'état
„ de société est lié dans l'ordre des tems à
„ l'existence même de l'homme: que le sau-
„ vage errant dans les forêts n'est pas l'hom-
„ me de la nature, mais un homme dégéné-
„ ré, dont la manière de vivre est contraire
„ au but qu'elle lui a prescrit, et que cet
„ état est plutôt l'image de la dégradation
„ de l'espèce humaine que le tableau de son
„ enfance. "

„ Il est donc faux (*se demande l'auteur
„ du catéchisme philosoph. No. 154.*) que le
„ besoin ait rassemblé les premiers hom-
„ mes? — absolument faux, répond-il: par
„ la raison bien simple qu'ils n'ont jamais
„ été dispersés; Les premiers habitans de
„ la terre ont été réunis sous les yeux du
„ premier homme. C'étoit une grande fa-
„ mille que dieu lui même avoit assemblée."

Quant à ces individus sauvages qui se
sont trouvés quelquefois perdus et égarés
dans les bois, tels que la fille de châlons,
l'homme sauvage d'Hanovre, on ne peut rien
en conclure en faveur des dispersions „ si on
„ rencontre, dit un philosophe sensé, une

„ abeille errante, devra-t-on en conclure que
„ cette abeille est dans l'état de pure na-
„ ture, et que ce sont celles qui sont dans
„ la ruche qui ont dégénéré?

Donc, selon tous ces auteurs, jamais il
n'y eut de dispersions; mais si jamais il n'y
eut de dispersions, jamais il n'y eut *de conventions.* Dès l'origine, les premiers habitans
de chaque pays restèrent réunis en société
sous l'autorité de leur père universel qui
gouverna 1. une famille 2. plusieurs familles;
donc la cité est l'ouvrage de la nature: et
c'est précisément ce que nous disons,

IX. Veut-on des auteurs encore plus près
de nous, qui aient écrit au milieu du délire
universel des conventions?

*Mr. Demestries (dans ses considérat. sur
la france)* soutient formellement: „ Que ja-
„ mais nulle nation n'a pu se donner des
„ gouvernemens; que dieu n'a jamais confié
„ à la multitude le choix de ses maîtres;
„ qu'il s'est réservé à lui même la forma-
„ tion des souverainetés. " Et cela est très
„ vrai, puisque c'est dieu seul qui a donné
„ *un père universel* et conséquemment un père
„ souverain à chaque peuple.

„ Quel a été le premier Roi (*dit l'abbé
„ duvy dans son manuel des révolutions*)? Ça

„ fut le premier père de famille sous l'in-
„ spection de dieu, . . . nous dira-t-on, ajou-
„ te-t-il, que ce sont les enfans qui ont
„ fait le choix de leurs pères? ce seroit une
„ absurdité, *Heber* né *de sem* fut Chef des
„ hébreux; *Canaan* fils de Cham, chef de
„ cananéens; *Nemrod* chef des Babyloniens;
„ *Ismaël* chef des Ismaëlites; *Esau* chef des
„ Iduméens. La conduite et le gouvernement
„ de la famille passoit ordinairement à l'ainé,
„ quelque nombreuse qu'elle fût: delà l'im-
„ portance du droit d'aînesse dans ces pre-
„ miers tems: les puinés lui restoient soumis
„ comme au père ". Effectivement c'étoit à
l'aîné, comme nous l'avons vu, que *le père
universel* remettoit ordinairement ses droits
souverains. Dans un ouvrage encore plus
nouveau, il est dit formellement. „ Que le
„ premier homme dabord, les patriarches
„ ensuite, les voyageurs, les navigateurs,
„ les naufragés qui ont peuplé des isles et
„ fondé des colonies, ont été très certaine-
„ ment *les souverains* de leur famille, et qu'ils
„ ne tiroient pas leur autorité de leurs en-
„ fans. " (*Mr. de Limon sur la monarch.
„ prussienne.*)

X. A cette nuée d'écrivains de tous les
âges, nous pourrions ajoûter tous les historiens de l'antiquité, tous les poëtes, les ora-
teurs, tous les interprètes et commentateurs

que nous avons déjà cités, de quelque secte
et de quelqu'opinion qu'ils soient, qui tous
et sans exception, entraînés par la force des
choses, quand ils en sont à ces premier temps,
nous représentent les pères primitifs de chaque peuple comme de grands Patriarches,
des princes, des ducs, des rois, des chefs
fameux, des fondateurs de cités, des souverains, des législateurs, qui exerçoient le
droit de vie et de mort, faisoient la paix et
la guerre, donnoient le nom aux villes, aux
montagnes et aux pays, dont ils avoient fait
les premiers partages, et conséquemment
dont ils étoient les chefs civils dès l'établissement de leurs premiers enfans; et on verroit que tous les auteurs sensés sont pour
nous. —

Mais parmi les témoignages modernes,
un des plus imposans est celui de plusieurs
magistrats françois qui, poussés hors de leur
patrie par la plus violente de toutes les tem-
pêtes révolutionnaires, et refléchissant ensemble sur la cause de tant de bouleversemens et de destructions, ont déclaré hautement qu'on se trompoit sur l'origine de l'ordre social: que jamais il n'étoit venu des
peuples: que dans la formation primitive
des sociétés *la nature elle même a formé le
gouvernement monarchique, parceque c'est elle
qui a créé l'autorité des pères sur les enfans.*

Voyez le développement des principes de la monarchie françoise *ch. V. note, pag.* 199.

Nons pourrions ajoûter à tout cela les partisans même des conventions. Tous ces auteurs estimables qui entrainés par le torrent, ont cru devoir placer l'origine des corps civils dans le consentement des peuples, tels que *suarez, Burlamaqui* et une infinité d'autres. Avant la formation des peuples et des Royaumes, *suarez* ne convient-il pas que les chefs primitifs du genre humain avoient *puissance économique* sur leurs enfans même mariés? tous les partisans des conventions ne sont-ils pas forcés d'en convenir avec lui? donc ils reconnoissent tous, que long tems avant l'existence des peuples, *plusieurs familles vivoient ensemble sous l'autorité d'un père universel:* et c'est précisement ce que nous disons. *Burlamaqui (du droit civil, ch.* 2.) dit expressement *que l'état civil est le véritable état naturel de l'homme,* nous ne le disons pas moins; l'autorité du chef universel n'étoit pas moiens naturelle quand il gouvernoit plusieurs maisons, que lorsqu'il n'en gouvernoit qu'une seule. Enfin *J. J. Rousseau,* dans l'endroit même ou il a essayé de dépouiller *le père universel* de chaque peuple de la souveraineté, s'est vu forcé de convenir, deux lignes après, *qu'Adam* fut aussi nécessairement le souverain du monde, que

Robinson dans son isle : à la différence près qu'*Adam* avoit sous lui de nombreux descendans, et que Robinson n'en avoit pas. Dans l'encyclopedie, comme nous l'avons vu, les adversaires sont convenus que les peres primitifs de chaque pays étoient *les princes, les souverains, les monarques politiques* de leur famille, conséquemment qu'ils étoient des *chefs civils* long tems avant qu'il y eut des peuples. Quoi de plus fort? (*V. Pouvoir et gouver. paternel.*)

Si nous voulions réunir ici tout ce qui vient à l'appui de la vérité que nous avons établie dans cette question, nous n'en finirions pas. Qu'on cherche tant qu'on le voudra, on verra que tous les écrivains qui sont remontés à l'origine de chaque peuple, ont vu, comme nous, les cités primitives fondées et gouvernées civilement par leur pere commun long tems avant la possibilité même des conventions. Qu'on repasse tant qu'on le voudra, les témoignages des auteurs que nous avons confrontés, et qu'on en saisisse l'esprit, on verra que par ce mot *famille* aucun d'eux n'entend une famille isolée, mais une famille primitive d'où sortent des bourgades, des villes, des cités, de veritables gouvernemens civils composés d'un grand nombre de descendans : on verra que par ce mot *père*, aucun d'eux n'entend des peres particuliers, mais des rois, des souverains, des monarques, des législateurs, et des fondateurs, conséquemment de *véritables chefs civils*, lesquels *chefs civils* tiennent leur *autorité* non pas des peuples, non pas des conventions, mais de la nature et de leur titre de pere lui seul, long temp avant l'existence des peuples.

XI. D'après un concert aussi nombreux, on pourroit dire aussi unanime sur la création des corps civils par les pères, quels sont les faits qu'on peut regarder comme avérés et définitivement constatés?.. le voici: 1o. c'est que chaque peuple long tems avant d'exister avoit très certainement *un auteur universel* et conséquemment *une autorité universelle* au dessus de sa tête.

2. C'est que *cet auteur universel* créa le gouvernement civil et fonda nécessairement *la cité*, en faisant les parts à ses premiers enfans.

3. C'est qu'aucun peuple ne put être présent à cette création, puisqu'il n'existoit pas.

4. C'est qu'avant la création du gouvernement civil, il ne put y avoir aucun état d'anarchie et de dispersion dans aucun pays.

Ces quatre faits sont tellement avérés, tellement attestés par la raison, par les auteurs et par tous les monumens de l'univers, que nous les croyons placés hors de toute contestation.

XII. Cependant, après cette création du gouvernement civil *par le pere universel*, tous les auteurs que nous avons cités, à commencer *par Mr. Bossuet*, semblent admettre une autre formation des gouvernemens civils par les peuples, et paroissent placer *un état d'anarchie* avant cette formation! Qu'entendent-ils par là? se contrediroient ils? . . des cités une fois créés ne peuvent pas éprouver une nouvelle création; et des hommes qui ont déjà *des autorités* ne peuvent pas être *sans autorité*! . . . . Qui est ce qui a pu nous tromper si crûllement *sur l'origine des corps civils*? qu'est ce que nous avons pris si généralement pour des dispersions et des conventions? ne seroient-ce point *les variations postérieures des corps civils*? c'est une troisiéme époque qui a occasionné bien des erreurs et qu'il est infiniment important d'éclaircir. Il faut espérer qu'avec du tems et de la patience, nous débrouillerons cet horrible cahos.

Fin du second Tome.

ERRATA
DES DEUX PREMIERS TOMES.

Tome Premier.

Page :	Ligne.	Au lieu de :	Lisez :
32	25	le soutient	se soutient.
51	1	vivans	vivant. *(et de même partout où la même faute se reproduira)*
59	7	des	dés
ibid.	12	propriété.	propriétés.
ibid.	14	des tout doute	de tout doute.
70	6	bras ?	bras, *(et le point d'interrogation à la quinzième ligne après le mot : liberté.)*
ibid.	28	diversemeus	diversement.
87	11	des	de.
ibid.		Sixième ligne de la note, *par Empereur :* pour Empereur.	
90	23	Mrs.	effacez ces trois lettres.
91	24	dont	donc.
92		1ere ligne de la note : du droit : des droits.	
120	14	Attentais	Attentats.
149	6	dissould	dissout.
153		6eme lig. de la note : vien : rien.	
156	28	apurer	assurer.
161		20 lig. de la note : volonté : volontés.	
179	24—25	créé	créée.
198	15	emprisohner	empoisonner.
ibid.	17	c'est les	c'est le.

Tome Second.

Page:	Ligne.	Au lieu de:	Lisez :
12	29	compiration	conspiration.
22	14—15	qu'un seul	qu'une seule.
27	25—27	datte	date.
45	24	avoit	avoient.
50	11	de peuples	des peuples.
95	1ere lig. de la note:	confie	confiée.
ibid.	dans la note:	Erce	Enée.
109	6	descendant	descendent.
111	2 de la note:	maitrye	maîtrise.
125	26	des rois	de rois.
244	17	c'est par les pere	ne fut-ce pas le pere ?
ibid.	20	c'est par les pere	ce fut par le pere